Salvador Dellutri
Con la colaboración de Ezequiel Dellutri

LA AVENTURA DEL PENSAMIENTO

Una introducción al fascinante mundo de la filosofía occidental

Página titular

©2011 Logoi, Inc.
Derechos electrónicos

@2002 Logoi, Inc.
12900 Southwest 128 Street Suite 204
Miami, FL 33186

Autor: Salvador Dellutri
Diseño textual: Logoi, Inc.
Portada: Meredith Bozek

Todos los derechos reservados, ninguna parte de esta publicación puede ser reproducida, ni procesada, ni transmitida en alguna forma or por algún medio —electrónico o mecánico— sin permiso previo de los editores, excepto breves citas en reseñas y debidamente identificada la fuente.

Producto: 491082
Categoría: Filosofía
ISBN: 0-7899-1049-7
Impreso en Colombia

Contenido

Agradecimiento y dedicación	5
Prólogo indispensable	7
Introducción: ¿Qué es la filosofía?	11
Primera Parte: Filosofía antigua	19
Capítulo 1: Filosofía griega: Los presocráticos	21
Capítulo 2: Filosofía Griega: Los Sofistas y Sócrates	35
Capítulo 3: Filosofía Griega: Platón	43
Capítulo 4: Filosofía Griega: Aristóteles	53
Capítulo 5: Filosofía Grecorromana	65
Segunda Parte: Filosofía medieval	75
Capítulo 6: Irrupción del cristianismo	77
Capítulo 7: Filosofía patrística: Agustín de Hipona	85
Capítulo 8: Filosofía Escolástica: Tomás de Aquino	97
Tercera Parte: Filosofía moderna	111
Capítulo 9: Introducción: Racionalismo y empirismo	113
Capítulo 10: La existencia de Dios y el problema moral	129
Capítulo 11: Hegel y Kierkegaard	137
Capítulo 12: El materialismo: Feuerbach, Marx y Engel	147
Capítulo 13: Positivismo y vitalismo: Comte y Nietzsche	155
Capítulo 14: El existencialismo: Heidegger y Sartre	169
Conclusión: El fin de la aventura	183
Bibliografía	195
Guía de Estudio	199

La aventura del pensamiento

Agradecimiento y dedicación

Este libro no hubiera sido posible sin la colaboración, la crítica y las correcciones de mi hijo Ezequiel, quien también es autor de todas las notas en recuadro que acompañan al texto.

Dejo constancia también de mi reconocimiento al Profesor Guillermo César Vadillo especialmente por su orientación en el capítulo referido al «Origen de la modernidad».

Agradezco también al Dr. Richard Ramsay, al Dr. Larry McCullough y a mi dilecto amigo el Dr. Leslie Thompson por sus atinados comentarios, su trabajo de corrección y constante estímulo.

Finalmente mi agradecimiento a la Iglesia de la Esperanza de San Miguel, Buenos Aires , que me sostiene con su constante oración.

~~~~~~~~~~~~~~~

Dedico este libro a
Celia
quien con su amor, compañerismo y amistad
pone el equilibrio necesario en nuestro hogar;
Verónica
que entró a la familia de la mano de Ezequiel
y se ganó para siempre nuestro corazón.
Ariel
que sabe poner la nota de humor necesaria
para hacer el trabajo más agradable.

La aventura del pensamiento

Prólogo indispensable

Este trabajo no está destinado a especialistas o iniciados en el tema. Al realizarlo, tuvimos en cuenta a quienes no han tenido una formación filosófica y quieren penetrar en el fascinante mundo del pensamiento. Tratamos de dar un panorama general abarcando las grandes corrientes, enfatizando lo substancial, y buscamos simplificar en lo posible los arduos y complicados planteos filosóficos. Es en este último aspecto en el que pusimos nuestra mayor dedicación. Siempre tuvimos en cuenta la aguda y graciosa reflexión del escritor y pensador argentino Ernesto Sábato sobre las implicancias de las simplificaciones. Lo trascribimos:

> DIVULGACIÓN
> Alguien me pide una explicación de la teoría de Einstein. Con mucho entusiasmo, le hablo de tensores y geodésicas tetra-dimensionales.
> —No he entendido una sola palabra —me dice, estupefacto. Reflexiono unos instantes y luego, con menos entusiasmo, le doy una explicación menos técnica, conservando algunas geodésicas, pero haciendo intervenir aviadores y disparos de revólver.
> —Ya entiendo casi todo —me dice mi amigo, con bastante alegría. Pero hay algo que todavía no entiendo: esas geodésicas, esas coordenadas...
> Deprimido, me sumo en una larga concentración mental y termino por abandonar para siempre las geodésicas y las coordenadas; con verdadera ferocidad, me dedico exclusivamente a aviadores que fuman mientras viajan con la velocidad de la luz, jefes de estación que disparan un revólver con la mano derecha y verifican tiempos con un cronómetro que tienen en la mano izquierda, trenes y campanas.
> —¡Ahora sí, ahora entiendo la relatividad! —exclama mi amigo con alegría.
> —Sí —le respondo amargamente—, pero ahora no es más la relatividad.[1]

---

[1] Ernesto Sábato, Obras completas, *Uno y el Universo* (Buenos Aires: Seix Barral, 1996).

Confesamos que muchas veces nos vimos perturbados por el mismo pensamiento. Entonces volvimos sobre lo escrito, intentado ser claros pero sin traicionar la profundidad de los conceptos. Lo hicimos en homenaje a aquellos maestros que cuando recién comenzábamos pusieron todo su empeño por simplificarnos el camino. También ellos deben haber tenido la misma duda, pero finalmente nos introdujeron en el tema.

Ese es el propósito de esta obra abrir las puertas de la filosofía a todos aquellos que tomando conciencia de la importancia que tiene esta disciplina sienten la necesidad de penetrar en este mundo fascinante.

Transitamos este camino desde la óptica cristiana, sin dejar de admirar, valorar y respetar el esfuerzo de aquellos que, sin ser cristianos y muchas veces desde visiones encontradas con nuestra fe, se esforzaron con sinceridad por avanzar en el camino del conocimiento. Señalamos nuestro punto de vista cuando lo creímos necesario. Tratamos de ser escuetos, en la convicción de que el lector debe elaborar sus propias conclusiones y seguir reflexionando sobre el tema.

Cada vez que nos enfrentábamos a aquellos filósofos que con desesperación trataban de asir alguna verdad sin encontrar el camino, dábamos gracias a Dios nuestro Padre, al Señor Jesucristo nuestro Salvador y al Espíritu Santo por las profundas respuestas existenciales que recibimos por medio de las Sagradas Escrituras.

Y dimos gracias también por todos aquellos siervos de Dios que nos enseñaron, muchas veces contra viento y marea, que ser cristiano no significa suicidarse intelectualmente o vivir recluido en un palacio de cristal ajeno a lo que sucede en la sociedad.

Y a aquel que es poderoso para guardaros sin caída, y presentaros sin mancha delante de su gloria con gran alegría, al único y sabio Dios, nuestro Salvador, sea gloria y majestad, imperio y potencia, ahora y por todos los siglos. Amén.[2]

—Salvador Dellutri

---

[2] Epístolas de Judas 24-25.

La aventura del pensamiento

La aventura del pensamiento

Introducción:
¿Qué es la filosofía?

La palabra «filosofía» deriva de dos palabras griegas: *phylo* que significa «amor» y *sophya*, «sabiduría». Por lo tanto etimológicamente «filosofía» significa «amor a la sabiduría». Los primeros hombres que en la Grecia antigua se dedicaron al estudio de la naturaleza fueron llamados *sophi* y *sophistae*, es decir sabios. Se atribuye a Pitágoras el haber inventado la palabra «filosofía». Así lo relata Cicerón:

> Heráclides de Ponto, hombre docto y discípulo de Platón, escribe que habiendo ido Pitágoras a Filiasia habló extensa y sabiamente con el rey León y que éste, admirado de su saber y elocuencia, le preguntó cuál era el arte que profesaba. Pitágoras contestó: «Ningún arte conozco, soy filósofo». El rey se extrañó por la novedad del nombre y preguntó qué eran los filósofos y en qué se diferenciaban de los demás hombres, a lo cual respondió Pitágoras: «La vida humana me parece una de las asambleas que se juntan con grande aparato en los juegos públicos de Grecia. Allí unos acuden para ganar el premio con su robustez y destreza; otros, para hacer su negocio comprando y vendiendo; otros, que son por cierto los más nobles, no buscan ni corona ni ganancia, y solo asisten para ver y observar lo que se hace y de qué manera; así nosotros miramos a los hombres como venidos de otra vida y naturaleza a reunirse en la asamblea de este mundo: unos andan en pos de la gloria, otros del dinero; y son pocos los que solo se dedican al estudio de la naturaleza de las cosas despreciando lo demás. A estos pocos los llamamos filósofos; y así como en la asamblea de los juegos públicos representa un papel más noble el que nada adquiere y solo observa, creemos también que se aventaja mucho a las demás ocupaciones la contemplación y el conocimiento de las cosas».

Agustín de Hipona en la *Ciudad de Dios* también hace mención a esta historia y al hablar de Pitágoras dice:

> [...]de quien, según es fama, tuvo principio el nombre de filosofía, porque llamándose antes sabios los que en algún modo parecían que se aventajaban a los otros con el buen ejemplo de su vida,

preguntando éste qué facultad era la que profesaba, respondió que era filósofo, esto es, estudioso y aficionado a la sabiduría, pues el manifestarse por sabio parecía acción muy arrogante y altanera.

Sin embargo la palabra filosofía se utilizó durante muy poco tiempo para designar el amor a la sabiduría. Con posterioridad fue perdiendo su sentido etimológico y comenzó a usarse para denominar a la sabiduría misma, al saber humano. El saber filosófico es aquel que se obtiene a través de la razón, que tiene un fundamento racional y puede sostenerse con argumentos racionales.

El origen y objeto de la filosofía

La filosofía nace como una búsqueda del saber, como una indagación racional que prescinde de las explicaciones religiosas para investigar el origen último de todas las cosas. El filósofo reflexiona sobre la realidad y trata de explicarla en forma coherente.

Por lo tanto la filosofía se origina en la innata curiosidad humana por comprender todas las cosas, y por eso es tan antigua como el hombre. Sin embargo es en Grecia, en el siglo VII A.C., cuando se comienza a estudiar de manera formal y metodológica.

La perplejidad frente a la naturaleza genera en el hombre la necesidad de filosofar. Así lo expresa Aristóteles:

> Por el asombro comenzaron los hombres, ahora y en un principio, a filosofar, asombrándose primero de las cosas extrañas que tenían más a mano, y luego, al avanzar así poco a poco, haciéndose cuestión de las cosas más graves tales como los movimientos de la luna, del sol y de los astros y la generación del todo.

Pedro Calderón de la Barca (1600-1681), el dramaturgo español, en su obra teatral *La vida es sueño* plantea esta perplejidad. Segismundo, el protagonista, vive prisionero en una torre, sin saber que es el príncipe de Polonia. Su padre, que lo recluyó por temor a un mal augurio, decide reintegrarlo a la corte para estudiar sus reacciones. Lo hace trasladar bajo los efectos de un narcótico y Segismundo despierta en el palacio, pero como el padre considera que su comportamiento no es adecuado, vuelven a narcotizarlo para recluirlo nuevamente. Su tutor le explica que lo sucedido no ha sido más que un sueño.

La aventura del pensamiento

Segismundo entonces entra en un estado de perplejidad y comienza a buscar una respuesta de carácter universal:

> Yo sueño que estoy aquí
> Destas prisiones cargado,
> Y soñé que en otro estado
> Más lisonjero me vi.
> ¿Qué es la vida? Un frenesí,
> ¿Qué es la vida? Una ilusión...

La perplejidad lo impulsa a preguntarse por el sentido de la existencia; el problema circunstancial abre camino a la búsqueda de las causas últimas de la existencia. Su inexplicable experiencia lo ha llevado a filosofar, a buscar una respuesta coherente que explique el misterio del ser.

Partiendo de ese estado de perplejidad, que con tanta precisión expone Calderón de la Barca, el hombre ha intentado desentrañar la naturaleza de toda realidad, buscando la causa y el sentido de todo el universo, incluyendo en esa búsqueda el sentido de su propia vida.

Por lo tanto el objeto de la filosofía es la relación que existe entre el pensar y el ser, entre lo espiritual y la materia, teniendo en cuenta que para el filósofo **ser** significa el mundo, la naturaleza, la realidad visible y **espíritu** es la conciencia, la actividad psíquica en su totalidad, incluyendo pensamiento, sentimiento, sensaciones y percepciones.

Filosofía y teología

En el pensamiento pre-filosófico los griegos explicaban todas las cosas recurriendo a causas sobrenaturales. Ante la perplejidad daban rienda suelta a la imaginación, prescindían de la observación y el razonamiento, e interpretaban la realidad a través de mitos.

Los mitos eran un conjunto de historias fantásticas con las que trataban de explicar desde los orígenes del universo hasta la situación y esperanza del hombre. Estos relatos narraban las peripecias de los muchos dioses que poblaban el panteón griego, los cuales personificaban a las fuerzas de la naturaleza (*Poseidón* era el dios de los mares, *Eolo* el de los vientos, etc.) y los consideraban como la causa y razón de todas las cosas. El poeta griego Homero, en *La Odisea* pone en boca de Zeus la queja de las divinidades por la facilidad con que los hombres los responsabilizaban de sus males: «*Es de ver cómo inculpan los hombres sin tregua a los dioses achacándonos todos sus males. Y son ellos mismos los que traen por sus propias locuras su exceso de penas*».

Los antiguos creaban cosmogonías en las que explicaban el origen del mundo y teogonías en las que narraban el origen y la vida de los dioses. El pensamiento mítico era intuitivo, imaginativo e irracional.

Sin embargo los atractivos relatos de la mitología, que dejaban satisfecha a la plebe, no contestaban las interrogantes de quienes reclamaban planteos más serios y racionales sobre el origen del universo y el sentido de la vida. El nacimiento de la filosofía constituyó un salto desde la irracionalidad del mito al pensamiento racional y lógico, basado en razones y demostraciones. Los griegos lo definían como un salto del *mito* al logos.

La filosofía prescindió de las explicaciones míticas, rechazando todo tipo de revelación sobrenatural. En esto radica también la diferencia entre el pensamiento filosófico y el teológico.

El caso de **Job**, el patriarca bíblico, puede ilustrar sobre este particular. La tremenda prueba que atravesó este piadoso varón, arquetipo de la paciencia, lo lleva al estado de perplejidad del que hemos hablado y se hace las mismas preguntas que el filósofo:

¿Qué es el hombre, para que lo engrandezcas,
Y para que pongas sobre él tu corazón,
Y lo visites todas las mañanas,
Y todos los momentos lo pruebes?[3]

Pero la pregunta está dirigida a Dios y espera una respuesta sobrenatural. Por lo tanto no está siguiendo el camino del filósofo, que busca a través de la razón, sino el del hombre de fe que cree en un Dios personal que gobierna todas las cosas y puede responder a todos los interrogantes.

El autor de Eclesiastés es quien más se aproxima al pensamiento filosófico. Para ello traza una línea entre el cielo y la tierra, dividiendo lo que se halla debajo del sol de lo que está por encima. Es un hombre de fe haciendo un loable ejercicio intelectual para entender el mundo prescindiendo de lo sobrenatural, y obtendrá conclusiones frustrantes:

---

[3] Job 7.17.

«Miré todas las obras que se hacen debajo del sol; y he aquí, todo ello es vanidad y aflicción de espíritu. Lo torcido no se puede enderezar, y lo incompleto no puede contarse».[4]

Pero finaliza afirmando la necesidad absoluta de la presencia de Dios y su revelación para entender el sentido de la existencia: «El fin de todo el discurso oído es este: Teme a Dios, y guarda sus mandamientos; porque esto es el todo del hombre».[5]

El predicador ha ensayado el camino filosófico, observó y experimentó todas las cosas prescindiendo de Dios y la Revelación, pero concluye afirmando que para encontrar la verdad última y definitiva es forzoso creer.

La filosofía no se basa en la inerrancia de las Sagradas Escrituras que son la Revelación de Dios, sino que sigue el camino del razonamiento, por lo tanto sus conclusiones nunca son definitivas sino provisorias y sujetas a revisión constante.

Utilidad de la filosofía

Las sociedades pragmáticas, consumistas y tecnificadas suelen preguntarse por la utilidad de la filosofía y usualmente concluyen pensando que no tiene valor práctico y por lo tanto es totalmente inútil. Esa conclusión lo único que refleja es la ignorancia y frivolidad.

Mientras que la técnica se pregunta ¿*cómo?* la filosofía se pregunta ¿*por qué?*, por lo tanto la técnica se ocupa de lo instrumental, mientras que la filosofía se hace planteos más profundos, serios y universales. El pensamiento filosófico fomenta el cuestionamiento, la búsqueda de la verdad a través del análisis crítico, exige siempre respuestas lógicas.

Rafael Gambra, en su *Historia de la filosofía* dice:

> La diferencia fundamental entre la animalidad y la racionalidad es, precisamente, ésta: el animal, ante un objeto cualquiera, si es desconocido para él, pude mostrar algo parecido a la perplejidad inquisitiva, pero lo que oscuramente se pregunta es: ¿para qué sirve esto?, ¿en qué relación estará conmigo?, ¿se trata de algo perjudicial, indiferente o beneficioso? Cuando el animal se tranquiliza respecto a

---

[4] Eclesiastés 1.14.
[5] Eclesiastés 12.13

esta cuestión no siente otra preocupación ante las cosas. El hombre, en cambio, es el único animal que traspasa esta esfera utilitaria y se pregunta además ¿qué es? A esto solo se puede responder con la esencia de las cosas, cuya reproducción en la mente del hombre es la idea o concepto. Ante un extraño fenómeno que aparece en el cielo no se satisface a un hombre asegurándole «que está muy lejos» o que «es inofensivo» Será preciso explicarle que se trata, por ejemplo, de una aurora boreal, y si sabe qué es ello se dará por satisfecho. De este género de curiosidad puramente cognoscitiva es de lo que nunca dio muestras un animal.

La filosofía desarrolla en el hombre su capacidad de pensar, capacidad que lo diferencia del animal. No soluciona los problemas, pero despeja el pensamiento de las falsas obsesiones que pueden limitarlo o esclavizarlo, produciendo una purificación intelectual que permite al hombre concentrarse en los problemas fundamentales.

La vida de la humanidad está íntimamente ligada a la filosofía, de forma tal que es muy difícil saber como se influencian mutuamente. Muchas veces la historia ha sido el resultado de los planteos filosóficos y otras veces los rumbos de la humanidad han necesitado justificarse elaborando determinadas filosofías.

Por eso Gambra al hablar de la utilidad de la filosofía concluye afirmando que *«puede decirse con toda propiedad que la más profunda historia de la humanidad que puede escribirse es la historia de la filosofía».*

DE LECCIONES PRELIMINARES DE FILOSOFÍA DE MANUEL GARCÍA MORENTE, FRAGMENTO DEL CAPÍTULO «EL CONJUNTO DE LA FILOSOFÍA»

[...]La filosofía, más que ninguna otra disciplina, necesita ser vivida. Necesitamos tener de ella una «vivencia». La palabra vivencia ha sido introducida en el vocabulario español por los escritores de la Revista de Occidente, como traducción de la palabra alemana Erlebnis . Vivencia significa lo que tenemos realmente en nuestro ser psíquico; lo que real y verdaderamente estamos sintiendo, teniendo, en la plenitud de la palabra «tener».

Voy a dar un ejemplo para que comprendan bien lo que es la «vivencia». El ejemplo no es mío, es de Bergson.

Una persona puede estudiar minuciosamente el plano de París; estudiarlo muy bien; notar uno por uno los diferentes nombres de las

La aventura del pensamiento

calles; estudiar sus direcciones; luego puede estudiar los monumentos que hay en cada calle; puede estudiar los planos de esos monumentos; puede repasar las series de las fotografías del Museo del Louvre, una por una.

Después de haber estudiado del plano y los monumentos, puede este hombre procurarse una visión de las perspectivas de París, mediante una serie de fotografías tomadas de múltiples puntos de vista. Puede llegar de esa manera a tener una idea regularmente clara, muy clara, clarísima, detalladísima de París.

Esta idea podrá ir perfeccionándose cada vez más conforme los estudios de este hombre sean cada vez más minuciosos; pero siempre será una mera idea. En cambio, veinte minutos de paseo a pie por París, son una vivencia.

Entre veinte minutos de paseo a pie por una calle de París y la más larga y minuciosa colección de fotografías, hay un abismo. La una es una mera idea, una representación, un concepto, una elaboración intelectual; mientras que la otra es ponerse uno realmente en presencia del objeto, esto es: vivirlo, vivir con él; tenerlo propia y realmente en la vida; no el concepto que lo substituya; no la fotografía que lo substituya; no el plano, no el esquema, que lo substituya, sino él mismo. Pues, lo que nosotros vamos a hacer es vivir la filosofía.

Para vivirla es indispensable entrar en ella como se entra en una selva; entrar en ella a explorarla.

En esta primera exploración, evidentemente no viviremos la totalidad de ese territorio que se llama filosofía. Pasearemos por algunas de sus avenidas; entraremos en algunos de sus claros y de sus bosques; viviremos realmente algunas de sus cuestiones, pero otras ni siquiera sabremos que existen quizá. Podremos de esas otras o de la totalidad del territorio filosófico, tener alguna idea, algún esquema, como cuando preparamos algún viaje tenemos de antemano una idea o un esquema leyendo el Baedeker previamente. Pero vivir, vivir la realidad filosófica, es algo que no podremos hacer más que en un cierto número de cuestiones y desde ciertos puntos de vista.

Cuando pasen años y sean ustedes viajeros del continente filosófico, más avezados y más viejos, sus vivencias filosóficas serán más abundantes, y entonces podrán ustedes tener una idea cada vez más clara, una definición o concepto cada vez más claro, de la filosofía.

Primera Parte
FILOSOFÍA ANTIGUA

La aventura del pensamiento

Capítulo 1:
Filosofía griega: Los presocráticos

En el siglo VII A.C. se produce un cambio significativo en el pensamiento griego. Hasta ese momento los griegos habían explicado desde el origen del universo hasta la conducta individual a través de los mitos. Pero a partir de este siglo se llevan a cabo diversas transformaciones que originarían el pensamiento filosófico occidental.

Los griegos habían sido un pueblo guerrero, manejado por una aristocracia, pero en el siglo VII se produce una revolución en las técnicas de navegación y se convierten en expertos navegantes. Como tenían un espíritu aventurero, entraron en contacto con otros pueblos, abriendo las puertas al comercio internacional. Esto hizo que la aristocracia perdiera poder y cediera su lugar a los comerciantes. Tuvieron que cambiar entonces su forma de gobierno pasando de la aristocracia a la democracia y aparecen entonces las primeras ciudades o *polis*.

Este cambio impactó profundamente en la religión griega porque carecían de libros sagrados o revelaciones escritas y cada tribu tenía sus propios mitos que trataban de unificar con los de sus vecinos. Homero en la Ilíada y la Odisea se esfuerza por describir un panteón único donde los diversos dioses interactuaran armónicamente.

Cuando se pusieron en contacto con otros pueblos el problema se acrecentó porque conocieron mitologías diferentes. La agudeza de los griegos les hizo pensar que si existían tantas concepciones religiosas diferentes nada les aseguraba que sus creencias fueran verdaderas, por lo tanto colapsó el pensamiento religioso.

La necesidad de explicar la realidad los indujo a investigar racionalmente: primero se interesaron por el origen del cosmos y luego desplazaron el centro de interés hacia el hombre. Esto dio origen a la filosofía.

LA ESCUELA JÓNICA

La aventura del pensamiento

Los primeros filósofos reflexionan sobre la naturaleza tratando de hallar un principio que la explique. La naturaleza era lo más inmediato y tangible, y constituía en sí un misterio. No era caótica, estaba gobernada por leyes precisas y si bien cambiaba constantemente, lo hacía con armonía. Observaban que la naturaleza funcionaba como un todo ordenado al que llamaron *kosmos*.

Comenzaron a buscar una explicación al origen de la naturaleza y, como la concebían eterna, necesitaban encontrar un elemento que prevaleciese a través de todos los cambios. Buscaban el *arkhé* o principio explicativo del universo.

En Mileto, una importante ciudad portuaria de la costa Jónica, aparecen los primeros filósofos. De allí proceden Tales, Anaximandro y Anaxímenes, pero también se considera dentro de la escuela jónica a Heráclito que residía en Éfeso.

El pensamiento de estos filósofos llegó hasta nosotros en forma imprecisa, por referencias de escritores posteriores. De ellos solo nos quedan algunos escritos fragmentarios y dispersos. La gran distancia temporal que nos separa y las diferencias idiomáticas impiden que su pensamiento llegue hasta nosotros con la claridad que hubiéramos deseado. Sin embargo podemos extraer algunas conclusiones de sus diversas concepciones sobre la naturaleza.

Tales de Mileto (624-546 A.C.?)

Tales es considerado uno de los siete sabios de la Grecia antigua. Comenzó su vida como mercader, en sus viajes comerciales estuvo en contacto con el mundo oriental y accedió a las ciencias egipcias y babilónicas.

Tales creía que todo se había originado en el agua o, más precisamente, en lo que llamaba *estado de humedad*. Para llegar a esta conclusión partía de un hecho fácilmente observable: tanto los hombres como los animales y las plantas se alimentan del agua. Para que la semilla germine necesita humedad. De acuerdo a su concepción la Tierra debía flotar sobre una superficie de agua.

Esta teoría no es original: se halla diseminada en la literatura mítica egipcia y babilónica, y también formaba parte de la mitología griega. Homero en dos pasajes de la *Ilíada* sugiere que todas las cosas se originan en el agua. Pone en boca de la diosa Hera la siguiente afirmación: «Pues voy a los confines de la feraz tierra a ver a Océano, progenie de los dioses».

Más adelante el Sueño contesta a Hera: «Hera, venerable diosa... A cualquier otro de los sempiternos dioses sí que podría adormecer fácilmente, incluso a la corriente del río Océano, que es la progenie de todas las cosas».

Como Tales era un viajero curioso, debe haber reflexionado sobre la mitología de los pueblos que visitaba y las creencias de su propio pueblo, elaborando sobre ellas su teoría.

El historiador griego **Plutarco** (50-120 A.D.) dice al respecto: «Creen que también Homero, como Tales, considera al agua principio y génesis de todas las cosas por haberlo aprendido de los egipcios».

El pensamiento de Tales llega hasta nosotros muy oscurecido: ¿su concepción del mundo era puramente materialista? ¿cuánto persistía en él del pensamiento mítico? Algunos escritos de comentaristas posteriores afirman que el filósofo creía en un universo lleno de dioses que daban vida a la materia. Sin embargo y a pesar de no conocer profundamente sus ideas, Tales pasó a la historia como el primer filósofo occidental.

Tales pone en práctica su inteligencia

Antes de dedicar su vida al estudio de la ciencia y la filosofía, *Tales de Mileto* fue un eximio mercader. En sus largos viajes comerciales visitó gran parte del mundo conocido; incluyendo Egipto, la capital cultural más poderosa de la antigüedad.

Cuenta la historia que la inteligencia de Tales no solo se evidenciaba en su filosofía: también en los problemas prácticos de la vida como mercader supo utilizar su sagacidad para resolver sus problemas.

Cierta vez debió cruzar un río llevando una mula cargada de sacos con sal. Como el río estaba crecido el agua llegó hasta las alforjas del animal y parte del cargamento se disolvió. De este modo la mula se vio aliviada de su carga y aprendió el truco: cada vez que pasaban por un río la mula se sumergía para liberarse del peso de la sal. Al comprender lo que sucedía y temeroso de perder toda su mercancía, Tales decidió darle una lección al astuto animal.

La siguiente vez que tuvieron que cruzar un río, la carga de la mula no se alivianó, sino que aumentó su peso: Tales había cargado sus alforjas con esponjas.

Anaximandro y Anaxímenes

Anaximandro (610-546 A.C.) de Mileto fue contemporáneo de Tales y tuvo relación con él. Amaba la astronomía y era mucho más refinado que su contemporáneo en la forma de concebir la materia original del universo. Sostenía que todo provenía del *apeirón*, nombre que daba a una sustancia universal, eterna, infinita e indeterminada que estaba en constante actividad, en eterno movimiento. A través de ese movimiento se originaban todas las cosas.

Su amor por la astronomía lo llevó a idear una teoría sobre el origen del universo: Lo caliente había envuelto con una cáscara de fuego al aire frío que rodea la Tierra. Posteriormente esa cáscara se rompió formando círculos y generando todos los cuerpos celestes.

Según Anaximandro la vida se originó en el fango del fondo marino y los animales más antiguos habían estado cubiertos con una caparazón que luego fue desapareciendo. En cuanto al hombre consideraba que había estado dentro de los peces hasta que alcanzó su maduración y emergió a la tierra como varón y mujer. La teoría desarrollada en el siglo XIX por Carlos Darwin sobre la evolución de las especies parece haber sido anticipada por Anaximandro.

Anaxímenes (585-525 A.D.) no estaba de acuerdo con sus antecesores y sostenía que la sustancia original era el aire. Pero para él, como para todos los griegos, aire era lo que se manifestaba como niebla, como vapor o se podía percibir como calor o frío, es decir que su cualidad fundamental era ser perceptible. El aire se enrarecía y se tornaba fuego; al condensarse se transformaba en viento, luego en nubes, posteriormente en agua, tierra y piedras. Todo el universo se formaba a partir de este proceso.

También del aire surgía el alma humana, por lo tanto Anaxímenes consideraba que también el alma era una elemento material.

Heráclito (530-470 A.D.)

Este filósofo residía en Éfeso y pertenecía a la aristocracia. Por algunas referencias que llegan hasta nosotros percibimos que no simpatizaba con la democracia y tenía un marcado desprecio por la plebe. Escribía de tal forma que la gente común no lo entendía, por lo cual le pusieron por sobrenombre *El oscuro de Éfeso*.

Heráclito dio un giro al pensamiento de sus antecesores y aunque su influencia no fue grande en su tiempo, la importancia de su aporte fue reconocida posteriormente.

Para Heráclito *todo fluye* con lo que quería expresar que todo está sujeto al devenir. Percibió la fugacidad y mutabilidad de todas las cosas, que varían constantemente y están en permanente mudanza. Enseñaba que el mundo es como un río, detrás de una ola viene la otra, no podemos bañarnos dos veces en el mismo río porque está en constante cambio.

Heráclito dio un gran giro al pensamiento filosófico al afirmar que la realidad suprema no es el ser, sino el devenir. Si todas las cosas cambian constantemente, entonces el ser no es permanente y nunca podemos afirmar que las cosas *son*, porque lo único permanente y absoluto es el cambio.

Estudió también al ser humano y llegó a la conclusión de que el hombre está compuesto por dos elementos: cuerpo y alma. El cuerpo se forma de la tierra y el alma del aire, por lo cual están en constante tensión.

Todas las tensiones del universo y del hombre se manejan por medio de una ley eterna que rige los cambios. A esa ley la llamó *logos*. No consideraba que el *logos* fuera personal, pero era la causa de la armonía universal.

Este *logos* no solamente regía el cosmos, sino también el universo moral del hombre y sus costumbres. Afirmaba que a través de la sabiduría el alma alcanza mayor perfección ya que de este modo se acerca más al *logos*.

LA ESCUELA PITAGÓRICA

En la Magna Grecia, al sur de Italia, surge alrededor del año 530 A.C. una escuela fundada por Pitágoras.

La escuela pitagórica era una institución donde se mezclaba lo religioso con lo filosófico. Quienes ingresaban debían cumplir con determinadas normas: permanecer durante ciertos períodos en silencio, guardar el celibato, privarse de determinados alimentos. Estaban contra la democracia, lo que le produjo varios problemas porque para los griegos de la época la democracia era la doctrina revolucionaria.

Pitágoras (570-496 A.C.)

Nació en Samos, Jonia, pero se trasladó a Crotona, en la Magna Grecia, donde fundó su escuela. Era una mezcla de científico y místico; en el campo matemático se le atribuye la creación de las tablas de multiplicar y el descubrimiento del famoso teorema que lleva su nombre.

Consideraba a la vida corporal como la expiación de un pecado original y creía en la trasmigración de las almas. Concebía a la ciencia como la contemplación de las cosas eternas y como un camino de purificación por el cual el alma podía obtener su libertad.

El misterio de la ciencia lo centraba en el número. A lo ilimitado del *apeirón* de Anaximandro le oponía el límite de los números, por lo que cada objeto o elemento poseía una identidad matemática. Para Pitágoras lo que distingue a las cosas es la forma, los límites, lo que llama el número. Cuando afirmaba que todo es número no estaba queriendo ignorar a la materia, a la que incluía dentro del concepto, pero destacaba que la ley del número regía todas las relaciones.

Observó que las relaciones entre los astros, sus distancias, magnitudes y movimientos están regidos por leyes matemáticas, y que también la armonía sonora responde a estas leyes (se le atribuye el descubrimiento de los intervalos musicales regulares). Supuso que también la vida y la salud debían responder a las relaciones numéricas. Finalmente afirmó que el número es la esencia de las cosas.

Pero junto al número aparece en el pensamiento de Pitágoras el concepto de **armonía**: el universo es armonía total. Toma distancias del **monismo** de la escuela Jónica que buscaba un único principio esencial. Su concepción es **dualista**: cree en los opuestos y los clasifica en una tabla de diez oposiciones:

Limite	Ilimitado
Impar	Par
Uno	Múltiple
Derecho	Izquierdo
Macho	Hembra
Estético	Móvil
Recto	Curvo
Luz	Oscuridad
Bueno	Malo
Cuadrado	Rectángulo

Estos opuestos están regidos por una ley universal que les otorga armonía. Pitágoras afirmaba: «*Los sabios enseñan que el cielo y la tierra, los dioses y los hombres forman comunidad, con amistad, orden, medida y justicia, por lo cual a todo esto llaman cosmos*».

LA ESCUELA ELEÁTICA

La escuela jónica y la pitagórica coinciden en colocar dos realidades enfrentadas: Un principio permanente y una multiplicidad de seres en continuo devenir. Cada corriente intenta, a su manera, conciliar estas ideas. La escuela eleática, por el contrario, contrapondrá el ser con el devenir, oponiéndose a la concepción filosófica de Heráclito.

Jenófanes de Colofón (580-484 A.C.)

Las explicaciones míticas sobre el origen del universo habían sido remplazadas por las nuevas teorías filosóficas. Jenófanes planteó abiertamente el conflicto. Poéticamente y en forma burlona se reveló contra el politeísmo y el carácter mudable de sus dioses a los que consideraba proyecciones de los hombres que los habían creado. En un fragmento de su poema dice:

A los dioses achacaron Homero y Hesíodo todo aquello
Que entre los hombres es motivo de vergüenza y de reproche:
Robar, adulterar y engañarse unos a otros.
Proclamaron de los dioses innúmeras acciones fuera de toda ley:
Robar, adulterar y engañarse unos a otros.
Mas los mortales creen que los dioses han nacido
Y que tienen la misma voz, porte y vestimenta que ellos.
Los etíopes afirman que sus dioses son chatos y negros,
Y los tracios, que ojizarcos y rubicundos son los suyos.
Pero es que si los bueyes, caballos y leones pudieran tener manos,
Pintar con sus manos y realizar obras de artes, como los hombres,
Los caballos, parejas a caballos, y los bueyes, a bueyes
Pintarían las figuras de sus dioses, y harían sus cuerpos
A semejanza precisa del porte que tiene cada uno.

Jenófanes afirma la existencia de un solo dios cuyo carácter es inmutable. De esta manera enfrenta al *ser* con el *devenir*, presentándolos como principios no compatibles. Estas ideas serán retomadas por su discípulo Parménides para elaborar su filosofía.

Parménides (540-470 A.C.)

Era natural de Elea. Consideraba vulgar el pensamiento de Heráclito y le opuso su sistema metafísico.

Parménides piensa que para que algo fluya tiene primero que existir, tiene que tener un sustrato permanente: **el ser**. El hombre, por medio del razonamiento, se pone primero en contacto con las ideas inmutables, la idea base de las demás, que es el ser. Posteriormente diferencia otras ideas: La idea de hombre, justicia, círculo que también son inmutables y eternas. Después los sentidos le informan sobre los particulares que son siempre cambiantes y perecederos.

Tuvo que resolver un problema: ¿cuáles son los límites del ser? ¿con qué limita? ¿existe el *no ser*? Parménides cree que el *no ser* no existe porque no podemos pensar en lo que no es. Por lo tanto el ser es ilimitado, infinito e inmóvil. Si no tiene límites y es infinito entonces el ser es uno y es eterno, porque nada puede precederlo y nada sucederlo. Tampoco puede cambiar, por lo tanto es inmutable.

A este ser ilimitado, infinito, inmóvil, eterno e inmutable Parménides los llama *dios*, y considera que fuera de él no hay nada. Su pensamiento es panteísta, cree que todo es parte de un solo ser y los cambios y mutaciones son solo apariencias y engaños: El movimiento y la diversidad no existen. Si vemos algo moverse o percibimos la diversidad es porque nuestros sentidos nos engañan. Son desmentidos por la razón.

Zenón de Elea (490-430 A.C.) fue discípulo y continuador de las ideas de Parménides y trató de demostrar con variados ejemplos la imposibilidad de concebir el movimiento. Los antiguos lo consideraban el inventor de la dialéctica porque partiendo de hipótesis generalmente admitidas demostraba, razonando, su falsedad.

LA ESCUELA ATOMISTA

A mediados del siglo V A.C. vivieron los filósofos Anaxágoras, Empédocles y Demócrito que trataron de resolver el problema de la estructura de la materia y de la naturaleza de las partículas materiales que componen todas las cosas. Como consecuencia quisieron desentrañar el misterio del movimiento y sus causas.

Empédocles de Agrigento (494-434 A.C.)

Pertenecía a una familia aristocrática pero era un ferviente partidario de las ideas democráticas. Conocía y simpatizaba con el pensamiento de Parménides, estaba al tanto de las investigaciones de los filósofos jónicos y no ignoraba los estudios de Pitágoras. La originalidad de su pensamiento reside en que, mientras sus antecesores pensaban siempre en un elemento original único —el agua, el aire o el *apeirón*—, Empédocles sostenía que son cuatro las sustancias fundamentales que constituyen el principio de todas las cosas: *fuego, aire, agua y tierra*. Dos fuerzas opuestas actúan sobre ellas: el amor y el odio, o la simpatía y la antipatía. Por la acción de estas fuerzas las cuatro sustancias fundamentales se combinan o separan dando origen a una infinita variedad de formas.

Concibe a la realidad como cíclica: Al principio todo estaba unido por el amor, pero luego ingresó el odio y con él la disgregación. A partir de ese momento las fuerzas siguieron interactuando: el amor tratando de fundir y el odio de disgregar. El mundo se halla a mitad de camino entre la unión total y la disgregación.

Las cualidades que Parménides atribuía a su dios, Empédocles la endosa a los cuatro elementos a los que considera increados e imperecederos y, por lo tanto, eternos. Considera imposible, como es evidente, el concepto de unidad.

Anaxágoras de Clazomene (500-428 A.C.)

En el año 480 A.C. se estableció en Atenas y tuvo como discípulos al estadista Pericles y al dramaturgo Eurípides. Se cree que tal vez haya conocido también a Sócrates.

Anaxágoras sostiene que para explicar el mundo real no basta con los cuatro elementos de Empédocles, porque la realidad está constituida por un número infinito de elementos a los que denominaba *semillas* de todas las cosas. Según cuenta Aristóteles, a esas semillas les dio el nombre de *homeomerías* (partes semejantes al todo). Creía que el hierro estaba formado por multitud de pequeñísimas partículas de hierro y la madera por infinitas partículas de madera. Detrás de todo estaba el *nous* o inteligencia universal y eterna quien hizo salir a las *homeomerías* del caos inicial, las organizó y continua moviéndolas permanentemente. El *nous* era para Anaxágoras un espíritu universal que gobernaba todas las cosas. Estimaba que los cambios eran el resultado de la combinación o disgregación de esas partículas.

Demócrito de Abdera (460-370 A.C.)

Fue un viajero incansable que escribió numerosas obras de la que quedan solo algunos fragmentos. Según su teoría todas las cosas están compuestas por partículas diminutas, invisibles e indestructibles de materia pura a las que denominó *átomos* que en griego significa *indivisibles*. Aunque estos átomos están hechos de la misma materia difieren en su tamaño, peso, forma, medidas y ubicación.

Los átomos, que son impenetrables, giran incesantemente en el *espacio vacío*, también increado, inmutable y sólido pero penetrable por los átomos. Estos chocan por accidente, se arremolinan y, los que son similares, se adhieren entre sí. De una de estas uniones se originó el mundo y como este proceso continúa infinitamente, todo nace y muere como resultado del choque, la unión y la disolución de los átomos. Las diversas combinaciones dan origen a las distintas formas y cualidades de las cosas.

Demócrito con sus ideas anticipó los principios modernos de conservación de la energía.

CONCLUSIÓN

La tarea de los filósofos presocráticos es admirable. Utilizando como única herramienta la razón se lanzaron a la apasionante aventura de desentrañar los misterios del universo y de la vida. No podemos ignorar el valioso aporte que hicieron y tenemos que reconocer que hasta el presente muchos de sus conceptos son utilizados en diversos campos del conocimiento.

El problema fundamental que plantearon fue la cuestión del *arkhé*, el principio de todas las cosas. Al buscar desentrañar el misterio que había detrás de lo que percibían, pensaron en un origen esencial. Siguiendo ese camino llegaron hasta concebir al *logos* que gobierna y da sentido a todas las cosas, y forzosamente tuvieron que reconocerle atributos que solo pueden pertenecer a la divinidad.

Aunque no lo sabían, buscaban a la Persona que está detrás de todas las cosas: buscaban al Dios Creador. Pero como habían elegido el camino de la razón y rechazaban el de la revelación no llegaron a percibirlo con claridad. Todas sus preguntas se responden con el primer versículo de la Biblia: «En el principio creo Dios los cielos y la tierra». Pero sin la revelación esa búsqueda se bifurca una y otra vez arribando siempre a respuestas incompletas e imperfectas.

Siglos después, en la misma ciudad de donde era oriundo Heráclito, el apóstol Juan comenzaría su evangelio haciendo referencia al logos: «En el principio era el Verbo (*logos*), y el Verbo era con Dios y el Verbo era Dios.»[6] Aquello que habían buscado con avidez era explicado por la revelación de Dios: El *logos* era Dios, un Dios único y personal.

Viktor Frankl, psicólogo vienés, sostiene que el hombre es un ser que busca permanentemente el sentido de su existencia En esta búsqueda incesante los presocráticos indagaban el sentido y la razón de todas las cosas, pero en el fondo trataban de encontrar sentido y razón a su propia vida. Los planteos politeístas creados por el hombre no respondían a los anhelos de sus almas. Necesitaban una respuesta

---

[6] Juan 1.1

que llenara su vacío interior. Quisieron canalizar su necesidad y saciar infructuosamente su sed por el camino de la filosofía. Solamente por la fe podían llegar a la última respuesta y encontrarse con el *logos*. Faltaba muy poco para que sucediera lo maravilloso: «*Y aquel Verbo (logos) fue hecho carne, y habitó entre nosotros (y vimos su gloria, gloria como del unigénito del Padre), lleno de gracia y de verdad.*»[7]

---

[7] Juan 1.14

La aventura del pensamiento

Capítulo 2:
Filosofía Griega: Los Sofistas y Sócrates

En la segunda mitad del siglo V A.C. Grecia vive su edad de oro. Luego de la victoria sobre los persas, Atenas confederó a las ciudades marítimas en la Liga de Delos y armaron una poderosa flota que expulsó a sus enemigos del mar Egeo.

Pericles, el reputado político y reformador griego, desde Atenas dirigía a las ciudades que integraban la liga y convirtió a su ciudad en la más poderosa de Grecia. Durante su gobierno florecieron las artes, las ciencias y se profundizó el proceso de democratización.

La democracia griega era muy particular: solo el veinte por ciento de sus habitantes eran considerados ciudadanos libres, con derecho a votar y a tener acceso a cargos públicos. Para que estos ciudadanos libres pudieran dedicarse con comodidad a la política se incrementó el número de esclavos que llegaron a representar el cincuenta por ciento de la población total.

LOS SOFISTAS

La enseñanza de los Sofitas

Grecia no tenía unidad política, cada una de sus ciudades era independiente. Los problemas judiciales se resolvían públicamente en el ágora o mercado. Cada ciudadano defendía su propia causa, por lo cual debía ser muy versado en oratoria, retórica y argumentación. Aquellos que podían presentar sus argumentos en forma brillante y con fluidez ganaban fama e influencia.

Aparecieron entonces los sofistas, que eran maestros dedicados a enseñar disciplinas humanistas como retórica, dialéctica, derecho y política. Encontraron un mercado de hombres ávidos por obtener poder y adquirir influencia. Los sofistas trabajan principalmente entre los comerciantes ricos a los que le cobraban por enseñarles la *areté* o virtud. Muchos eran contratados como maestros para los jóvenes.

Pero, contra lo que podamos imaginar, los sofistas llegaron a tener una concepción muy particular de lo que era la virtud: Para ellos era la habilidad para rebatir los argumentos contrarios y sostener los propios, haciendo abstracción de la verdad. Lo más importante era alcanzar los objetivos, sin importar los medios utilizados: justificaban cualquier recurso que lograra el fin que se habían propuesto.

No tenían escrúpulos en defender causas injustas y se jactaban de haberlas resuelto por medio de la retórica. Esto los convirtió en escépticos y cayeron en el relativismo al sostener que no existe la verdad absoluta y que, si existiera, sería imposible conocerla. Sostenían, en consecuencia, la relatividad de todos los valores morales, religiosos, y de las normas jurídicas. Pusieron su confianza en la capacidad del hombre para hacer triunfar cualquier causa, por disparatada o injusta que fuera.

El sofista Protágoras (481-411 A.C.) sostiene que el hombre es la medida de todas las cosas: no debe enfrentarse ni con dioses superiores que le marquen un camino, ni con leyes eternas. Para él no existía una verdad absoluta y universal a la que debía sujetarse toda la humanidad.

Como los sofistas eran el resultado del ascenso político de Grecia, enseñaban el derecho del más fuerte para someter al más débil, basando sus argumentos en lo que sucede en la naturaleza. A causa de sus ideas la recién plasmada democracia griega se vio envenenada por la demagogia.

La perversión del pensamiento

El vocablo sofista deriva de *sabiduría* y ellos se consideraban a sí mismos sabios. Pero con el tiempo la palabra sofista pasó a ser peyorativa. Hoy se utiliza para designar a quien utiliza razones o argumentos aparentes -sofismas- con los cuales defiende lo que es falso. En realidad, a los sofistas no deberíamos considerarlos como filósofos, porque el filósofo ama la sabiduría, mientras que los sofistas renegaban de la sabiduría y amaban la retórica, la argumentación y el éxito.

El pensamiento autónomo siempre encierra riesgos y los sofistas demostraron la peligrosidad del razonamiento cuando se independiza de los valores. El Apóstol Pablo escribe a los Colosenses sobre las influencias perniciosas del pensamiento sin contenido y dice: «Mirad que nadie os engañe por medio de filosofías y huecas sutilezas, según las tradiciones de los hombres, conforme a los rudimentos del mundo, y no según Cristo».[8]

Es una advertencia sobre los sistemas de pensamiento sofisticados, pero vacíos e inconsistentes. El hombre siempre tiende a esta perversión del razonamiento a causa de su naturaleza pecaminosa y es proclive a forjar doctrinas que lo aparten de Dios y de la responsabilidad moral. Usualmente estas *seudo* filosofías se presentan en forma atractiva para cautivar a ingenuos que creen ver en sus huecas sutilezas la quintaesencia de la sabiduría. El apóstol Pablo los describe con crudeza: Profesando ser sabios, se hicieron necios.[9]

Sócrates y Platón enfrentaron a los sofistas y enfatizaron la importancia de los valores morales. Este último argumentaba que si la habilidad es la virtud más importante, entonces el mentiroso es mejor que el veraz y el ladrón es mejor que el ciudadano honesto, porque ambos sacan ventaja sobre sus semejante utilizando sus habilidades.

SÓCRATES

Vida y metodología

En el siglo IV A.C. la filosofía griega vive su época de máximo esplendor. Tres grandes nombres, que serán hasta hoy referentes obligados en toda la filosofía occidental, se dieron cita en ese siglo: Sócrates, Platón y Aristóteles.

Sócrates (470-399) fue un ateniense de fuerte personalidad y gran inteligencia que, a pesar de no haber dejado ningún escrito, gravitó sobre sus discípulos haciendo que su influencia trascendiera hasta nosotros. Todo lo que sabemos de él nos llega a través de los escritos de tres de sus contemporáneos: el comediógrafo Aristófanes que lo retrató en su obra *Las Nubes*, y sus discípulos Platón y Jenofonte quienes en sus obras hablan de él con admiración.

Oponiéndose a los sofistas, con una profunda conciencia moral, se lanzó a hacer filosofía práctica, conversando con la gente, buscando la verdad última a través de preguntas agudas e insistentes.

---

[8] Colosenses 2.8.
[9] Romanos 1.22.

Sofronisco, su padre, era un escultor y Fenareta, su madre, se desempeñaba como obstétrica. La profesión de sus progenitores tuvo una influencia decisiva en la formación de su pensamiento. El escultor frente a la piedra informe busca con sus golpes la figura que se oculta en el interior, quita lo superfluo, el sobrante, para llegar a lo esencial. También la partera ayuda a extraer la vida que se ha gestado, traerla a la luz, ponerla en acción. Sócrates busca la verdad con el mismo deleite del escultor, usando sus preguntas como golpes de escoplo para llegar a la verdad última; trabaja con el mismo gozo que la partera, extrayendo los principios desde la oscuridad a la luz.

La metodología usada por Sócrates se denomina *mayéutica*, palabra con la que se designaba el arte de ayudar a dar a luz. La mayéutica consiste en hacer preguntas sencillas y aparentemente inocentes que van gradualmente encadenándose hasta alcanzar los fines últimos.

Sócrates salía a las calles y conversaba con la gente común, con los siervos, esclavos, artesanos, jóvenes. Con sus preguntas iba guiándolos en sus razonamientos a las verdades fundamentales, demostrando que el pensamiento no es patrimonio de ciertas clases intelectuales y la verdad puede ser accesible a todos los hombres.

Formó un círculo filosófico y entre sus más conocidos discípulos estaban Alcibíades, Jenofonte, Platón y Critias.

Les enseñaba a reflexionar, a cuestionar las verdades generalmente aceptadas para descubrir sus flancos débiles. Usaba la ironía para poner sobre la aparente verdad un manto de dudas que llevaba al interlocutor a revisar su propio saber y lo hacía caer en la cuenta de los errores.

Solo sé que no sé nada afirmaba Sócrates, pero consideraba que admitir la propia ignorancia lo hacía más sabio que sus contemporáneos, porque ellos eran ignorantes pero no lo admitían. Por medio de la mayéutica intentaba llevar a sus interlocutores a la nesciencia: la conciencia de lo que se ignora, condición imprescindible para comenzar el camino del saber.

Platón recoge en sus *Diálogos* el método que utilizaba Sócrates para llegar a la verdad. En *Fedón* aparece Sócrates interrogando a Cebes sobre el tema de la inmortalidad del alma:

—Dime —siguió Sócrates—, ¿qué debe existir en el cuerpo para que esté vivo?
—El alma —contestó Cebes.
—¿Siempre sucede así?
—Siempre —declaró Cebes.
—¿Luego el alma siempre trae con ella la vida?
—Ciertamente.
—¿Existe algo contrario a la vida?
—Algo existe.
—¿Qué es?
—La muerte.
—El alma nunca recibirá lo contrario de lo que lleva en sí misma, tal es la deducción de nuestros principios.
—Dices bien —afirmó Cebes.
—¿Cómo denominamos a lo que no recibe la idea de par?
—Impar.
—¿Y a lo que nunca recibe ni lo justo ni el orden?
—Injusticia y desorden.
—Bien. Y a lo que nunca recibe la muerte, ¿cómo le llamamos?
—Inmortal.
—¿El alma no recibe, pues, la muerte?
—Nunca.
—¿Es inmortal?
—Lo es.
—Creo que está bien demostrado, ¿no te parece?
—Evidentemente —dijo Cebes.

Con este sistema Sócrates combatía a los sofistas, ponía en evidencia su ignorancia y la perversidad de sus argumentos. Así como ellos hablaban de la *areté*, también Sócrates hacía girar su pensamiento en torno a la idea de virtud. Pero razonaba destacando la importancia de los valores morales y ponía al descubierto los falaces métodos de los políticos y la inconsistencia religiosa del pueblo.

Esto le fue granjeando antipatías. Comenzaron a perseguirlo, lo encarcelaron y finalmente lo condenaron a beber la cicuta. Su carácter indoblegable y su temple lo mantuvieron firme hasta el fin. Ante la inminencia de la muerte dijo:

> Yo, atenienses, os aprecio y os quiero, pero voy a obedecer al dios más que a vosotros y, mientras aliente y sea capaz, es seguro

que no dejaré de filosofar, de exhortaros y de hacer manifestaciones al que de vosotros vaya encontrando, diciéndole lo que acostumbro: «Mi buen amigo, siendo ateniense, de la ciudad más grande y más prestigiada en sabiduría y poder; ¿no te avergüenzas de preocuparte de cómo tendrás las mayores riquezas y la mayor fama y los mayores honores, y, en cambio no te preocupas ni interesas por la inteligencia, la verdad y por cómo tu alma va a ser lo mejor posible?» Y si alguno de vosotros discute y dice que se preocupa, no pienso dejarlo al momento y marcharme, sino que le voy a interrogar, a examinar y a refutar, y, si me parece que no ha adquirido la virtud y dice que sí, le reprocharé que tiene en menos lo digno de más y tiene en mucho lo que vale poco. Haré esto con el que me encuentre, joven o viejo, forastero o ciudadano, y más con los ciudadanos por cuanto más próximos estáis a mí por origen. Pues, esto lo manda el dios, sabedlo bien, y yo creo que todavía no os ha surgido mayor bien en la ciudad que mi servicio al dios.[10]

Jenofonte hace un retrato de Sócrates que refleja no solo la personalidad sino además la admiración que todos sus discípulos sentían hacia él:

Era tan piadoso que nada hacía sin consultar a los dioses; tan justo que nunca hizo la más mínima ofensa a otro; tan dueño de sí mismo que nunca eligió lo placentero en vez de lo bueno; tan inteligente que nunca falló al elegir entre lo mejor y lo peor.

UN JUSTO CASTIGO PARA SÓCRATES

Pese a que Sócrates había sido un ciudadano excelente, los atenienses los juzgaron por traición a la patria. Cuando le preguntaron cual sería la pena que el mismo se aplicaría, Sócrates contestó: «Debería ser instalado en un palacio y vivir mantenido por el pueblo».

Ante la respuesta de Sócrates, los jueces indignados lo exhortaron para que se defendiera. Sócrates, con impactante tranquilidad, alegó «Nunca he realizado nada digno de castigo, y sin embargo he tenido que transformar mi vida en una larga defensa».

Exasperados por las respuestas del filósofo, los atenienses se decidieron a dictar sentencia. Al enterarse Sócrates dijo: «Gracias por avisarme» y se tapo los oídos.

La seguridad en sus actos se mantuvo hasta el fin.

---

[10] Capítulo 2: Filosofía Griega: Los Sofistas y Sócrates

Las ideas de Sócrates

La filosofía presocrática era naturalista, es decir que se ocupaba de la naturaleza y las leyes que regían el cosmos. Con Sócrates la filosofía da un giro notable, se vuelve hacia el hombre, al que considera como un ser moral.

Creía que el origen de la moral es la conciencia que le indica al hombre lo que debe hacer, por eso enfatiza: *conócete a ti mismo*. Frecuentemente hablaba del *daimon*, la voz interior que le indicaban al hombre cuales eran las leyes superiores según las cuales debía vivir.

Según Sócrates el hombre adquiere saber y el saber se identifica con el bien. Por lo tanto el saber es virtud porque el que sabe lo que es el bien debe llevarlo a la práctica. Y el fin de la virtud es la felicidad.

Mantenía su fe en los dioses de la polis, aunque no creía en los mitos que los semejaban a los hombres. Pensaba que todos ellos estaban subordinados a una divinidad suprema y única cuya existencia se hacía evidente por la racionalidad con la cual estaba estructurado el universo.

Sócrates desmenuza en sus diálogos el pensamiento sofista, critica su escepticismo sobre la verdad y afirma la existencia de una ética universal común a todos los hombres.

Capítulo 3:
Filosofía Griega: Platón

Cuando en el Renacimiento **Rafael** pintó en los aposentos papales su famoso fresco *La escuela de Atenas* retrató a un gran número de filósofos griegos, pero presidiendo y dominando la escena se aprecian los dos más importantes de la antigüedad, cuya influencia sigue gravitando hasta el presente: **Platón** y **Aristóteles**.

La figura de Platón, a la izquierda del observador, señala con el índice de su mano derecha hacia el cielo. Aristóteles, a su lado, extiende su mano con la palma hacia abajo señalando la tierra. Rafael sintetizó en esos gestos la orientación filosófica de cada uno: Platón enfatizando los universales y Aristóteles los particulares.

Con ellos la filosofía griega llega a su culminación.

PLATÓN

Vida

El verdadero nombre de **Platón** (427-347 A.C.) es **Aristocles**, pero pasó a la historia por su apodo que significa el de espaldas anchas. Era hijo de Aristón y Perictione quienes pertenecían a la nobleza más antigua de Atenas, lo que le permitió educarse con los más renombrados maestros atenienses.

Comenzó frecuentando a los sofistas, pero cuando tenía veinte años conoció a Sócrates, quien dejaría una impronta imborrable en su vida. Acompañó a su maestro durante los últimos ocho años de su vida, hasta que fue condenado a beber la cicuta. La muerte de Sócrates le produjo, como era previsible, una violenta conmoción y abandonó Atenas junto a Euclides, seguramente para que la distancia les diera la perspectiva exacta de los hechos. Viajó a Megara y luego a Egipto, donde absorbió parte de su antiquísima cultura, para recalar por último en Cirene donde se interesó profundamente por la geometría.

En el año 395 A.C. volvió a Atenas y participó en la guerra de Corinto, pero cinco años después abandonó su tierra natal y viajó a la

Magna Grecia. Fue bien recibido en la corte de Siracusa, donde entra en contacto con la escuela pitagórica.

En aquel tiempo gobernaba en la ciudad el tirano Dionisio I que escuchó con verdadero interés las ideas políticas de Platón sobre el estado ideal. Sin embargo, y tal vez por el recelo que le causaban esas ideas, lo entregó a un enviado de Esparta quien lo vendió como esclavo. Más tarde fue rescatado por un amigo y pudo volver a Atenas.

Luego de la muerte de Dionisio I, regresó dos veces más a Siracusa y tuvo que enfrentar serios inconvenientes. Finalmente regresó a Atenas donde murió en el año 347 A.C..

La Academia

El nombre de Platón esta unido al de la **Academia**, que es considerada como la primera universidad occidental y perduró durante novecientos años. Platón la fundó en los jardines de la casa de un ciudadano llamado Academo, de quien toma su nombre. Fue la primera escuela seriamente organizada para recibir alumnos, con biblioteca, salones de conferencias y muchas comodidades más. Esto constituyó una verdadera renovación en la forma de enseñar y aprender filosofía.

Los cursos respondían a programas preestablecidos. La enseñanza era por exposición oral y los discípulos, de ambos sexos, dialogaban de acuerdo al modelo que habían aprendido de Sócrates. Los contenidos abarcaban aritmética, geometría, astronomía, derecho y filosofía.

A la Academia acudían alumnos de todas partes que al egresar se dispersaban por la cuenca del Mediterráneo diseminando las ideas filosóficas y políticas de Platón.

La obra

Conservamos treinta y cinco obras de Platón, casi todas escritas en forma de diálogo. El estilo dialogal le da mucha amenidad y dinamismo al pensamiento, lo hace atractivo, pero a la vez constituye también su principal problema. El lector suele preguntarse: ¿éste es el pensamiento de Platón o del personaje que expone la idea? Cuando Sócrates habla nos queda la duda: ¿refleja su forma de pensar o la de Platón? A pesar de estas cuestiones que inquietaron a los lectores de todos los tiempos queda evidenciado el vigor de la mente esclarecida del filósofo.

Otra de las características de Platón es que recurre frecuentemente a los mitos para ilustrar su pensamiento. Esta forma de enseñar revela que era un gran maestro, interesado en imprimir la verdad en la mente y la imaginación de sus discípulos. Cuatrocientos años después, dentro de otro marco cultural, Jesucristo también recurriría a las parábolas para transmitir su enseñanza.

En la obra de Platón se distinguen tres períodos:

1. **Período socrático.** Su pensamiento muestra todavía afinidad con el de su maestro. Incluye el diálogo conocido con el nombre de *Critón* sobre el deber, el de Protágoras sobre la virtud y la *Apología de Sócrates*.
2. **Período metafísico.** Platón se desprende de Sócrates. Estos diálogos se caracterizan por desarrollar y fundamentar sus propias ideas filosóficas. Los más conocidos son *El banquete*, que trata el tema del amor, *Fedón* en que analiza la inmortalidad del alma y *La República* que estudia la sociedad política ideal.
3. **Período de madurez.** Predomina la preocupación cosmológica y se percibe la influencia de la escuela pitagórica. Entre ellos está *Filebo* sobre el placer y el bien y *Timeo* sobre el cosmos.

Las ideas

Para Platón existen dos mundos contrapuestos: **el mundo sensible** que es mudable e imperfecto y **el mundo de las ideas** que es universal, suprasensible, perfecto y eterno. En el mundo de las ideas residen las esencias puras, desprovistas de toda individualidad material, en una existencia pura y perfecta. Nosotros vivimos en el mundo sensible, el de las cosas concretas y mensurables, el mundo de los particulares.

Para comprender este concepto utilizaremos un ejemplo: En el mundo de los particulares existen muchos perros: grandes, chicos, pardos, negros, domésticos, errabundos, mestizos, puros. Cada uno de ellos es un perro particular, mensurable, visible, identificable, pero todos responden a una misma esencia universal a la que llamamos «perro». Esa esencia pertenece al mundo de las ideas, es decir que cada cosa sensible tiene una existencia real fuera de la mente, en el mundo superior de las ideas.

Para ilustrar esta concepción de la realidad Platón recurre al mito de las cavernas. Trascribimos el diálogo de su obra la *República*:

> Represéntate hombres en una morada subterránea en forma de caverna, que tiene la entrada abierta, en toda su extensión, a la luz. En ella están desde niños con las piernas y el cuello encadenados, de modo que deben permanecer allí y mirar solo delante de ellos, porque las cadenas les impiden girar en derredor la cabeza. Más arriba y más lejos se halla la luz de un fuego que brilla detrás de ellos; y entre el fuego y los prisioneros hay un camino más alto, junto al cual imagínate un tabique construido de lado a lado, como el biombo que los titiriteros levantan delante del público para mostrar, por encima del biombo, los muñecos.
>
> —Me lo imagino.
>
> —Imagínate ahora que, del otro lado del tabique, pasan sombras que llevan toda clase de utensilios y figurillas de hombres y otros animales, hechos en piedra y madera y de diversas clases; y entre los que pasan unos hablan y otros callan.
>
> —Extraña comparación haces, y extraños son esos prisioneros.
>
> —Pero son como nosotros. Pues en primer lugar, ¿crees que han visto de sí mismos, o unos de los otros, otra cosa que las sombras proyectadas por el fuego en la parte de la caverna que tienen frente a sí?
>
> —Claro que no, si toda su vida están forzados a no mover las cabezas.
>
> —¿Y no sucede lo mismo con los objetos que llevan los que pasan del otro lado del tabique?
>
> —Indudablemente.
>
> —Pues entonces, si dialogaran entre sí, ¿no te parece que entenderían estar nombrando a los objetos que pasan y que ellos ven?
>
> —Necesariamente.
>
> —Y si la prisión contara con un eco desde la pared que tienen frente a sí, y alguno de los que pasan del otro lado del tabique hablara, ¿no piensas que creerían que lo que oyen proviene de la sombra que pasa delante de ellos?
>
> —¡Por Zeus que sí!

—¿Y que los prisioneros no tendrían por real otra cosa que las sombras de los objetos artificiales transportados?

Según Platón el mundo real que perciben nuestros ojos es solo una sombra imperfecta. Mientras somos prisioneros del cuerpo no podemos volvernos para contemplar las esencias, vivimos limitados al mundo sensible, cambiante e imperfecto: el mundo de los particulares.

El hombre está compuesto de alma y cuerpo. El **alma**, inmortal y espiritual, pertenece al mundo de las ideas. El **cuerpo**, temporal y material, pertenece al mundo sensible. El ser es la consecuencia de un accidente en el que el alma quedó prisionera del cuerpo.

¿Cómo llegó el alma a ese estado de esclavitud? Para Platón en cada ser humano existen tres manifestaciones del alma o tres tipos de alma:

1. **El alma racional.** Es la parte superior y contiene el conocimiento de las ideas.
2. **El alma irascible.** Es la parte de la fortaleza. Permite que el hombre encare y supere sus problemas.
3. **El alma concupiscente.** Es la más baja. Está formada por los apetitos y necesidades básicas.

Nuevamente Platón utiliza un mito para explicar como el alma queda prisionera del cuerpo: El alma es como un carro alado tirado por dos corceles y guiado por un auriga, que representa el alma racional. Uno de los caballos, blanco y fuerte, representa al alma irascible y hace fuerza por elevarse . El otro caballo, negro y rebelde, es el alma concupiscente, tira hacia abajo. El auriga quiere ascender, pero no siempre lo consigue. Cuando el caballo negro triunfa, el alma se precipita. Para evitar su ruina se aferra al primer cuerpo que encuentra, dándole vida.

El cuerpo es la cárcel en la que el alma habita temporalmente. En cada muerte el alma transmigra, cambia de casa, y de acuerdo al caballo que haya prevalecido en la vida asciende o desciende.

El alma ha estado en contacto con las ideas pero en su desventurada caída lo ha olvidado. Mediante la información que el cuerpo le suministra a través de los sentidos el alma recuerda esas ideas. Esto es lo que se llama *anamnesis* o teoría de la reminiscencia. Para Platón conocer es recordar.

La República Platónica

La doctrina política de Platón y su utópica concepción del estado está desarrollada en dos extensos diálogos: **La República y Las leyes.**

Para Platón el Estado tiene que cumplir una función ética y debe velar por bienestar de los ciudadanos, no en el aspecto material sino espiritual: Tiene como misión elevar el nivel moral y espiritual de la sociedad.

Para cumplir con su función debe estructurarse en tres partes, siguiendo simétricamente la misma regla que el alma humana:

1. **Razón.** Representada por una elite gobernante cuya misión, como en el caso del auriga, es dirigir a los demás. Esta elite tendría que estar constituida por **filósofos**, cuya virtud es la **sabiduría** y eso los libraría de tener ambiciones materiales y garantizaría la ética del gobernante. Esta elite no poseería bienes personales.

2. **Coraje.** Representado por los **guardianes** o los **soldados**, cuya virtud es la **valentía**, destinados a defender el Estado. Tampoco poseerían bienes, pero recibirían los necesario para su subsistencia.

3. **Apetitos.** Representado por los **trabajadores manuales** y **comerciantes**, cuya virtud es la **temperancia** y su misión es producir los bienes necesarios para satisfacer las necesidades de los ciudadanos. Solo ellos poseerían tierra.

Cada una de estas clases está templada en forma diferente: Los filósofos en **oro**, los soldados en **plata** y los trabajadores en **bronce**. Solamente las dos clases superiores recibirían educación. Primero se les enseñaría **música** y **gimnasia** con lo que se obtendrían hombres y mujeres valerosos. Se realizaría una primera selección y al resto se los formaría en **filosofía** y **aritmética** para destinarlos a dirigir el Estado.

El dios de Platón

Platón fue formado en medio del politeísmo griego. Muchas veces en sus obras hace referencia a los dioses paganos utilizando el lenguaje religioso popular. Sin embargo cuando expone sus propias ideas con profundidad habla de un solo dios al que identifica con el bien. Contrariamente a la sentencia de Protágoras, en el diálogo sobre las **Leyes** sostiene que dios es la medida de todas las cosas. Este dios es espiritual, porque Platón concibe al principio creador como inmaterial. Sin embargo en el «*Timeo*», que expone el tema de la formación del mundo no se refiere a su dios como creador y no afirma en forma taxativa que dios haya creado todas las cosas de la nada, sino que lo confronta con la materia que también es eterna. Tampoco queda claro si cree en un dios personal o impersonal.

Sin embargo en la teoría platónica sobre la caída del alma hay un eco desdibujado de la enseñanza bíblica. Puede percibirse también la idea de pecado, culpa y castigo, pero el Dios redentor está ausente: la redención que propone es totalmente antropocéntrica, por esfuerzo humano y ascenso gradual.

FRAGMENTO DEL DIÁLOGO FEDÓN,
SOBRE EL ALMA - PLATÓN

Están conversando Sócrates y Cebes sobre la inmortalidad del alma instantes antes que el filósofo beba la cicuta.

—Atiende a esto: cuando el alma y el cuerpo están juntos, la naturaleza ordena a uno ser esclavo y obedecer, y a la otra, mandar y dominar. De los dos, ¿cuál te parece más semejante a lo mortal y cuál a lo inmortal? ¿No crees que a lo divino le pertenece el mandar y dirigir, y a lo mortal, el obedecer y ser esclavo?

—Sí; me lo parece.

—¿A cuál de los dos se parece el alma?

—Es evidente, Sócrates, que el alma se parece a lo divino, y el cuerpo, a lo mortal.

—Observa, pues, Cebes, si de todo cuanto acabamos de exponer no se deduce que el alma es muy semejante a lo divino, inmortal, inteligible, simple, indisoluble, siempre invariable y parecido a sí mismo, y el cuerpo se asemeja más a lo humano, mortal, sensible, compuesto, soluble y nunca inmutable. ¿Podemos oponer a éste otro argumento, amigo Cebes, para demostrar que es así?

—No podemos.

—¿Y pues? Siendo esto así, no se comprende que el cuerpo se desmorone con rapidez, y el alma se mantenga totalmente indisoluble, o de un modo muy semejante.

—¿Por qué no?

—Observa que cuando el hombre muere, su parte visible, es decir, su cuerpo, toma un aspecto al que llamamos cadáver, que está destinado a disgregarse y disolverse, aun cuando se conserve íntegro bastante tiempo y, sobre todo, si ha muerto en la juventud. Y los cuerpos que embalsamaban en Egipto persisten durante un número incalculable de años, y aun cuando se corrompen, hay ciertas partes como los huesos, nervios y otras del mismo género, que permanecen inmortales. ¿No es verdad?
—Sí lo es, Sócrates.
—El alma es, pues; un ser invisible que se dirige a un lugar noble, puro, llamado Hades, junto a un dios bueno y sabio, al que muy pronto me dirigiré yo. ¿Crees que un alma provista de tales cualidades puede disolverse y aniquilarse al abandonar el cuerpo, como aseguran la mayoría de los hombres? Debéis conocer exactamente lo que sucede, queridos Simmias y Cebes: si, al dejar el cuerpo, el alma se mantiene pura como si no hubiera tenido ninguna comunicación con él, sino meditando siempre y recogida en sí misma, sin oponerse a la muerte, ¿no es ésta una preparación para el buen morir?
—Exacto —replicó Cebes.
—Si el alma, pues, se mantiene de este modo, se dirige hacia un lugar semejante a ella, un lugar divino, inmortal y lleno de sabiduría, donde vive feliz y libre de todo error, lejos de ignorancias y temores, de amores tiránicos y otros males comunes a la humanidad. Allí pasa con los dioses el resto de su existencia. ¿Estáis de acuerdo conmigo, Cebes?
—Totalmente de acuerdo, ¡por Zeus!

La aventura del pensamiento

Capítulo 4:
Filosofía Griega: Aristóteles

Con Aristóteles la época de oro de la filosofía griega llega a su culminación. Fue un investigador y pensador infatigable y profundo, que continuó la obra comenzada por su maestro Platón. Era menor su vuelo literario, pero fue riguroso y sistemático al razonar. Su obra fue considerada durante muchos siglos como la culminación del pensamiento filosófico.

Vida

Aristóteles (384-323 A.C.) nació en Estagira de Tracia; de allí que muchas veces se aluda a él llamándolo simplemente *el Estagirita*. Fue hijo de Nicómedes, un galeno muy estimado que llegó a ser médico de Armintas II, rey de Macedonia.

Cuando contaba apenas con dieciocho años ingresó a la Academia y fue discípulo de Platón, quien lo consideraba el alma y la mente de su escuela. Acompañó a su maestro hasta su muerte en el 347 A.C. Luego abandonó Atenas y poco después viajó a Macedonia, donde el rey Filipo le encomendó la educación de su hijo Alejandro el Grande, el célebre y magistral conductor militar que expandió y unifico Grecia. Alejandro decía que sus padres le habían dado la vida y Aristóteles le había enseñado a vivirla.

Cuando el joven Alejandro sucedió a su padre en el trono, Aristóteles dejó Macedonia y regresó a Atenas para fu dar su propia escuela. La corte macedónica le obsequió un gimnasio con algunos edificios y jardines para establecerla.

Por estar cerca del Templo de Apolo Licio, fue denominada **Liceo**. Enseñaba paseando con sus alumnos por un vasto pórtico cubierto y por los jardines, por lo cual se les llamó *peripatéticos*, (del griego *peripatos* que significa *paseo*).

Cuando a los treinta y tres años, en plena campaña militar, Alejandro el Grande murió, Atenas fue presa de una fiebre antimacedónica. A causa de la vinculación que el filósofo había tenido con el desaparecido conquistador, tuvo que abandonar Atenas y se recluyó en Calcis, de donde era oriunda Festia, su madre, muriendo allí a los sesenta y dos años.

Obra
Aristóteles escribió dos tipos de obras:
1. **Libros exotéricos**: Obras de divulgación dirigidas al gran público. De ellos quedan algunos diálogos de título muy similar a los de Platón: *Banquete, Político, Del Alma* y otros.
2. **Libros esotéricos**: Dirigido a los miembros del liceo, iniciados en el conocimiento filosófico complejo. Forman la mayoría de las obras que han llegado hasta nosotros.

En el siglo I de nuestra era, Andrónico de Rodas clasificó y ordenó las obras esotéricas de Aristóteles de la siguiente forma:
1. **Escritos de lógica.** También llamado *Organon* (Instrumento), constituyen la obra fundamental porque expone la teoría de la lógica, es decir la herramienta o el instrumento para razonar. Entre ellos se encuentran: *Las Categorías, Primeros Analíticos, Segundos Analíticos, De la Interpretación.*
2. **Escritos de física.** Son escritos sobre la filosofía de la naturaleza. Entre otros *Historia de los Animales, Del cielo, Del mundo, Del alma.*
3. **Escritos de metafísica.** Son catorce libros llamados así porque Andrónico los agrupó luego de los libros de física (*meta* en griego significa *después*).
4. **Escritos éticos, políticos y retóricos.** Entre los que están: *Ética a Nicómano, Ética a Eudemo, Política, La gran moral, Poética, Retórica,* etc.

La lógica
Aristóteles es el creador de una ciencia llamada lógica que tiene que ver con el pensar y el hablar. El hombre siempre ha hablado y pensado sin tener en cuenta cuáles eran los elementos y las reglas que utilizaba. Es Aristóteles quien clasifica y ordena los elementos

fundamentales descubriendo cuál es el mecanismo de nuestro pensamiento.

La lógica es el instrumento con el cual se elabora el pensamiento científico, por lo tanto constituye la herramienta fundamental de la ciencia. Cuando queremos hacer una demostración tenemos que recurrir a elementos y funciones elementales que Aristóteles clasificó como conceptos, juicios y razonamientos.

1. **El concepto**
Es el elemento fundamental del razonamiento. Es una representación de la realidad que expresa lo esencial de las cosas, los elementos indispensables, necesarios y permanentes que la caracterizan. Por ejemplo la idea de animal implica cuerpo, irracionalidad, instinto, sensibilidad, etc. Estas cosas son comunes a todos los animales y no identifica a ninguno en particular. Pueden aplicarse a un gato, una jirafa, una golondrina o un ornitorrinco. Esos elementos se encuentran en todos los animales de todos los tiempos y de cualquier lugar.

2. **El juicio**
Cuando relacionamos dos conceptos para emitir un enunciado sobre la realidad tenemos un juicio. Por ejemplo si digo "*El león es carnívoro*" estoy haciendo una afirmación que puede ser verdadera o falsa, es decir que estoy emitiendo un juicio. En este caso lo enuncio en forma positiva, pero puedo hacerlo en forma negativa, diciendo "*El león no es herbívoro*". Por lo tanto para Aristóteles la verdad no es subjetiva, no depende del punto de vista, sino del objeto sobre el que se afirma o niega algo, en consecuencia el juicio está íntimamente ligado con la realidad objetiva.

3. **El razonamiento**
Esta es la pieza central del mecanismo lógico. La forma más perfecta es el silogismo, donde se confrontan dos juicios llamados premisas que tienen como conclusión un tercer juicio que surge de los anteriores y se llama conclusión. El más clásico es:
    a. Todos los hombres son mortales.
    b. Sócrates es hombre.
    c. Sócrates es mortal.

En este juicio hay una premisa mayor de carácter universal: *Todos los hombres son mortales*, que se confronta con la premisa menor: *Sócrates es hombre*. La conclusión constituye el último término y deriva de las otras dos: *Sócrates es mortal*. Hay un término que se repite: *hombre*. Es el término medio que le da coherencia al razonamiento.

Estos instrumentos forman para Aristóteles la base del conocimiento científico, porque la ciencia tiene que estar fundada en razones.

La metafísica

El término **metafísica**, como vimos anteriormente, fue acuñado por Andrónico de Rodas para agrupar los escritos que iban a continuación de la física, pero el título que Aristóteles dio a estos escritos fue el de **Filosofía primera**. Sin embargo, es correcto usar el término *metafísica* porque designa al estudio que se realiza con posterioridad a la física y va más allá de lo físico. Por medio de la física investigamos las cosas reales en su individualidad. La metafísica trasciende las individualidades para alcanzar los universales.

Aristóteles coincide con Platón en que existe un universal que es el que determina el ser de las cosas. Sin embargo, no coincide con Platón cuando este sostiene que los universales están en un lugar superior y distinto.

Aristóteles sitúa a los universales en las cosas mismas, a las que atribuye en su constitución un principio metafísico. Como consecuencia para Aristóteles solo tienen existencia las cosas individuales, a las que llama **sustancias**.

El conjunto de las sustancias individuales generan el universal: la esencia. Podemos tener en ellas infinitas diferencias: Hay sillas grandes, pequeñas, altas, bajas, tapizadas, de madera, de hierro, blancas, marrones. Todas tienen una esencia común que hace que sean sillas, participan del universal que denominamos *silla*. De esa *silla* universal participan todos los particulares pero no designa a ninguno en especial.

Esta individualidad y a la vez universalidad se hallan unidas en las cosas. Este hecho Aristóteles lo explica por medio de dos principios físicos:

a. **Materia** —en griego *ule*.

b. **Forma** —en griego *morfé*.

La **forma** es el principio universal, lo que hace que la cosa sea lo que es. En la naturaleza nos encontramos con géneros y especies sujetos a normas constantes. Esto se debe a que están gobernados por un principio: la forma. Según las propias palabras de Aristóteles "*el hombre engendra al hombre*". Esto indica que la naturaleza está gobernada por ciertos principios que la hacen generar constantemente las mismas formas.

Por ese motivo la forma es comunicable; puedo decir: *Ayer pasó un caballo por este camino* y mi interlocutor relacionará inmediatamente la palabra caballo con el universal caballo, diferenciándolo del universal *perro* o *camello*. Sin embargo, sería imposible transmitir con perfección la individualidad, porque aunque quiera precisar las características, cualidades o detalles nunca serían suficientes. La **materia**, por lo tanto es impenetrable e inexpresable.

Para Aristóteles forma y materia están indisolublemente unidas en las cosas. A diferencia de Platón, no concibe a la materia duplicada, ni tampoco la considera como una limitación del ser, sino como un principio indispensable que da lugar a su existencia. Tampoco coincide con Platón en que la unión de cuerpo y alma sean un episodio accidental; para Aristóteles forman una unidad sustancial donde el alma es la forma y el cuerpo la materia, y niega así la posibilidad de trasmigración de la almas o de su preexistencia.

Por lo tanto, Aristóteles sostiene que el ser tiene dos causas primeras: materia y forma, pero también tiene en cuenta las causas que han concurrido para su existencia. En este aspecto distingue cuatro causas: **material**, **formal**, **eficiente** y **final**.

Un ejemplo simple nos puede ayudar a entender esto: El Papa Julio II contrató a Miguel Ángel para que esculpiera su famoso *Moisés*, con el cual pensaba adornar su futura tumba. Como el artista no tenía ninguna referencia sobre la fisonomía, la talla o la contextura del caudillo hebreo, tuvo primero que recurrir a su imaginación para idear la estatua, luego eligió un bloque de mármol de Carrara, lo desbastó con el escoplo y lo pulió. Finalmente lo entregó para que fuera colocado en la futura tumba. El *Moisés* llegó a ser por:

1. Una **causa formal** —La idea de Miguel Ángel.
2. Una **causa material** —El bloque de mármol de Carrara.
3. Una **causa eficiente** —El trabajo de desbastado y pulido.
4. Una **causa final** —Adornar la futura tumba del Papa.

Aristóteles también distingue entre **sustancia** y **accidente**. Mientras sustancia es aquello que existe por sí mismo, accidente es lo que no existe por sí mismo, pero se manifiesta en la sustancia. Al decir *esa silla* estamos indicando que tiene existencia. Pero si decimos esa *silla es vieja* le estamos atribuyendo un **accidente**.

Finalmente, tuvo en cuenta el evidente dinamismo de la naturaleza en la que todas las cosas están sujetas al principio del cambio. A diferencia de Platón que había indagado el ser pero nada había expresado en cuanto a su dinámica, Aristóteles consideró que en el mundo es imprescindible tener en cuenta la procedencia del movimiento que genera que todas las cosas tiendan hacia un fin.

Para el sabio de Estagira, esta dinámica es un paso entre el **acto** y la **potencia**, en que lo que es posibilidad puede convertirse en realidad. Enuncia entonces el principio de causalidad: *El acto es anterior a la potencia*.

Partiendo de este principio dinámico y considerando que todas las cosas tienen a un fin, comienza a plantearse dos problemas: ¿Cuál es el fin del hombre? ¿Cuál es la causa primera o causa de todas las causas? De esas dos preguntas deriva su teoría ética y su idea de Dios.

La ética

La teoría ética de Aristóteles se denomina **teleológica**, porque sostiene que el hombre tiene un fin específico que cumplir. ¿Cuál es el bien supremo al que debe tender la conducta humana? Platón había afirmado que era la idea de bien que estaba fuera de este mundo. Aristóteles sostiene que el principio del bien es inherente a cada hombre y que el bien supremo al que tiende es la **felicidad** o **eudaimonia**.

¿En qué consiste la felicidad? El camino de búsqueda seguido por el filósofo es similar al que transitara siglos antes el Sabio en el

Eclesiastés: El placer y la riqueza. Ambos coinciden en que ninguna de estas posibilidades logran alcanzar el fin deseado.

Aristóteles dice que la felicidad es la realización plena y armónica del hombre y, como la actividad distintiva del ser humano es el pensamiento, la felicidad se alcanza a través de la búsqueda juiciosa de la **virtud**, a la que define como el término medio o equilibrio entre tendencias humanas opuestas. Con respecto al placer, reconoce su legitimidad, pero observa que el hombre tiende a desbordarse y cae en la disolución. La virtud consiste en no desechar el placer, sino en encontrar el límite, el justo medio para que no se transforme en destructivo. Descubrir ese equilibrio es la tarea de cada hombre. Por lo tanto la virtud es una capacidad de la voluntad para seguir lo que es bueno. Para Aristóteles las virtudes fundamentales son la prudencia y la justicia.

Aristóteles considera que el hombre es un *animal político* que necesita vivir en sociedad. Solo relacionado con otros seres humanos puede desarrollar la virtud que lo lleva a la felicidad. Por ello tuvo que desarrollar también el aspecto comunitario del bien. Destaca la **amistad** como la relación humana fundamental para lograr el bien social, entendiendo que la solidaridad y el afecto son sus dos características fundamentales. La amistad que tiene como vínculo el placer o la utilidad tienden a desaparecer por lo efímero de sus motivaciones. Solo es genuina la que tiene por finalidad el bien, porque está enraizada en la naturaleza humana.

Luego de estudiar las constituciones existentes Aristóteles clasificó las formas de gobierno en tres grandes grupos: Monarquía, Aristocracia y Democracia. Les atribuyó una finalidad común: buscar la felicidad y el bien común. Cuando esto no sucede es porque se han manifestado defectos y degeneraciones que también analizó y clasificó:

Forma	Definición	Defecto
Monarquía	Gobierno de uno solo	Tiranía
Aristocracia	Gobierno de los mejores	Ologarquía
Democracia	Gobierno de multitud	Demagogia

Dios

Puesto que Aristóteles sostiene que el acto es anterior a la potencia, debió buscar una causa primera o causa de las causas. Concibió entonces la idea de dios, al que define como un motor inmóvil que está en el principio de todas las cosas. Lo llama de este modo porque es la potencia que mueve todas las cosas pero que no es movida por ninguna otra fuerza. Este dios es único, por lo tanto Aristóteles se acerca al pensamiento monoteísta hebreo.

El dios de Aristóteles no admite ningún límite, existe por sí mismo y eternamente. Es perfecto y pleno, espiritual e inmutable. Está separado del mundo y ubicado por encima de todo poder y dignidad humana. Sin embargo no alcanza a concebirlo como un ser personal.

Algunos quisieron ver en Aristóteles un *cristiano pre-existente*. Sin embargo esto es una exageración producida por el entusiasmo de cristianos que lo admiraban. Lo cierto es que su dios es el dios de los filósofos y no el de la Revelación.

La ciencia de Aristóteles

Además de ser uno de los filósofos más influyentes en occidente, Aristóteles es considerado el padre de las ciencias biológicas. Aunque su erudición era amplia, existieron aspectos en los cuales el sabio de Estagira no logró dar con la verdad. En lugar de ello elaboró una serie de interesantes teorías: Sostenía que del cieno surgían espontáneamente los ratones, al igual que los parásitos surgían mágicamente del intestino y los gusanos eran un producto directo del queso. Existían también una gran gama de insectos que se generaban por si mismos a partir del rocío de la primavera y del efecto de los días soleados y ventosos del otoño. Otros surgían del barro o del estiércol. Incluso el cangrejo ermitaño, sostenía Aristóteles, nacía de la mezcla de la tierra y el lodo.

Hasta los más grandes se pueden equivocar... ¿También se asombrarán nuestros descendientes de la simpleza del pensamiento de nuestra era?

FRAGMENTO *ÉTICA PARA NICÓMACO*
LIBRO VIII –ARISTÓTELES

NATURALEZA DE LA AMISTAD

Después de esto, podría seguir una discusión sobre la amistad, pues la amistad es una virtud o algo acompañado de virtud, y, además, es lo más necesario para la vida. En efecto, sin amigos nadie querría vivir, aunque tuviera todos los otros bienes; incluso los que poseen riquezas, autoridad o poder, parece que necesitan sobre todo amigos; porque ¿de qué sirve esta abundancia de bienes sin la oportunidad de hacer el bien, que es la más ejercitada y la más laudable hacia los amigos?

¿O cómo podrían esos bienes ser guardados y preservados sin amigos? Pues cuan mayores son, lo tanto más inseguros. En la pobreza y en las demás desgracias, consideramos a los amigos como el único refugio. Los amigos ayudan a los jóvenes a guardarse del error; y ayudan a los viejos, los cuales, a causa de su debilidad, necesitan asistencia y ayuda adicional para sus acciones; y los que están en la flor de la vida les prestan su apoyo para las nobles acciones. "Dos marchando juntos"[11], pues con amigos los hombres están más capacitados para pensar y actuar.

Además, parece darse de un modo natural en el padre para con el hijo, y en el hijo para con el padre, no solo entre los hombres, sino también entre las aves y la mayoría de los animales, y entre los miembros de una misma raza, y especialmente, entre hombres; por eso, alabamos a los filántropos. En los viajes, también puede uno observar cuán familiar y amigo es todo hombre para todo hombre. La amistad también parece mantener unidas las ciudades, y los legisladores se afanan más por ella que por la justicia. En efecto, la concordia parece ser algo semejante a la amistad, y a ella aspira sobre todo, y en cambio procuran principalmente expulsar la discordia, que es enemistad. Y cuando los hombres son amigos, ninguna necesidad hay de justicia, pero, aun siendo justos, sí necesitan de la amistad, y parece que son los justos los que son más capaces de amistad.

Pero la amistad es no solo necesaria, sino también hermosa. En efecto, alabamos a los que aman a sus amigos y el tener muchos amigos se considera como una de las cosas mejores, y hasta algunos opinan que hombre bueno y amigo son la misma cosa.

Por otra parte, no es poco el desacuerdo que existe acerca de la amistad. Unos la consideran como una especie de semejanza, e

---

[11] Ilíada, X 224.

identifican semejantes y amigos, y por eso se dice "tal para cual", "grajo con grajo", y otras expresiones por el estilo. Otros, por el contrario, afirman que dos de un mismo oficio no se ponen de acuerdo. Otros, todavía, buscan causas para estas cosas más elevadas y científicas, como Eurípides, que dice: "la tierra reseca ama la lluvia" y "el excelso cielo lleno de lluvia ama caer en la tierra", y Heráclito, que dice: "lo opuesto es lo que conviene", y "la armonía más hermosa procede de tonos diferentes", y "todo nace de la discordia". Y al contrario que éstos hay otros, y entre ellos, Empédocles, que dice: "lo semejante aspira a lo semejante". Pero dejemos los problemas que pertenecen a los físicos (pues no son propios de la presente investigación), y consideremos, en cambio, los humanos, relacionados con el carácter y las pasiones; por ejemplo, si la amistad se da en todos, o si no es posible que los malos sean amigos, y si hay una clase de amistad o varias. Los que creen que hay una sola, porque admiten el más y el menos, basan su convicción en una indicación insuficiente, pues también cosas de distinta especie admiten grados. Pero sobre esto hemos hablado ya antes.

La aventura del pensamiento

Capítulo 5:
Filosofía Grecorromana

El último período de la filosofía antigua comienza con la etapa Helenística. En el año 323 A.C. con la muerte de Alejandro el Magno, la cultura griega, ya en su cenit, se difunde por el mundo asiático y por la cuenca del Mediterráneo. Atenas deja de ser el centro cultural del mundo y da paso a Alejandría, Pérgamo, Rodas y Antioquía.

Las guerras crearon un clima de inseguridad y las viejas religiones se derrumbaban. Los ciudadanos comenzaron a pedirle a la filosofía respuestas éticas y justificación para la vida. Aparecen tres corrientes filosóficas: epicureismo, estoicismo y escepticismo.

LOS EPICÚREOS

Epicuro de Samos

Epicuro (341-270 A.C.) fue el fundador de la escuela que lleva su nombre. Su padre era un ateniense que enseñaba gramática y su madre practicaba las ciencias ocultas. Era una persona físicamente débil que sabía sobrellevar con sobriedad sus sufrimientos. Poseía un carácter tímido y afectuoso lo que le ganó el aprecio de sus conciudadanos.

A los treinta años de edad abre su primera escuela en Metilene y posteriormente la traslada a Atenas. Le tocaron vivir tiempos tumultuosos y trataba de enseñar a mantener el equilibrio y la calma en medio de la turbulencia.

Daba sus lecciones en el jardín de su casa por eso se les denominaba *los filósofos del jardín*. Personas de todas las edades iban hasta el jardín de Epicuro buscando paz, comprensión y amistad. Eran austeros, menospreciaban los bienes materiales, descreían de la política y pensaban que la felicidad se alcanzaba por medio de la paz interior.

Las ideas

Epicuro fue influenciado por la teoría mecanicista de Demócrito por lo tanto creía que todas las cosas están formadas por átomos que primero existen aisladamente en el vacío para luego chocar y agruparse formando los diferentes seres.

Las cosas materiales actúan sobre la parte sensorial del hombre por medio de emanaciones o imágenes que se des- prenden de las cosas para impresionar los sentidos. Son efluvios de átomos que si bien no disminuyen el volumen de las cosas, alcanzan para impresionar los órganos sensoriales como cuando un sello deja su huella en la cera. Si estas emanaciones proceden de una cosa cercana la impresión es fuerte, pero es más débil si la cosa está alejada del sujeto. De esas sensaciones se derivan las ideas. Como consecuencia para Epicuro toda la verdad viene a través de los sentidos.

La ética

Para Epicuro la felicidad es el fin último del hombre y si el hombre quiere alcanzarla debe vencer dos temores: el temor a los dioses y el temor a la muerte. Sobre esta base desarrolla una ética atea.

Identifica a la felicidad con el placer, pero considera que no se halla en las conquistas ni en el gozo pasajero, sino la *ataraxia*, es decir en la paz y equilibrio interior. Para conseguir ese estado se debía subordinar las inclinaciones sensuales a la razón y alcanzar la virtud gozando de las cosas con moderación.

El estado de ataraxia lo consigue el sabio que acepta el proceso de la naturaleza, supera el temor a la muerte y se libra de preocupaciones temporales. Para ello desaconseja el matrimonio y las intervenciones en política, pero exalta la amistad.

Para Epicuro el hombre está compuesto de una sutil red de átomos esféricos y la muerte es solo la disgregación de esos átomos. En ese momento el alma desaparece, por lo tanto la muerte no debe generar ningún tipo de temor. Tampoco debe tenerse temor al destino, porque las cosas no están regidas por leyes sino por el azar, por lo tanto el destino no existe. Nada en la vida humana depende de los dioses, ajenos totalmente al devenir humano. Cuando se acepta esto se entra en el estado de ataraxia.

Toda la ética epicúrea es la consecuencia de su concepción materialista del universo.

Evaluación

La doctrina de Epicuro pretendía ser moderada, ajena a un hedonismo extremo o al libertinaje. Buscaba un equilibrio sostenido únicamente por la razón, sin ningún sustento sobrenatural. Epicuro fue un hombre normal que no se diferenciaba en sus vicios de sus contemporáneos pero sus discípulos degradaron su doctrina y la convirtieron en fuente de vulgaridad y grosería.

Partió de una antropología equivocada que no tomaba en cuenta la naturaleza pecaminosa del hombre y pretendió domar las pasiones únicamente por medio de la razón. Los resultados fueron los esperados: los diques de contención se rompieron con mucha facilidad porque la fuerza de la voluntad humana no alcanza para sostener el peso de la ética.

LOS ESTOICOS

La Stoa

Zenón (336-264 A.C.) era oriundo de la isla de Chipre. Fundó su escuela en un pórtico pintado (en griego *stoa poikile*), lugar que se utilizaba como galería de arte, ubicado en las afueras de Atenas. De la palabra pórtico, *stoa* en griego, deriva el nombre de estoicos. Zenón fue muy respetado por su integridad y su carácter. La creencia general es que se suicidó.

Lo sucedió su discípulo **Cleantes**, hombre sobrio y de gran entereza moral, que murió durante un ayuno voluntario en el 233 A.C.. Entre los continuadores del estoicismo puede mencionarse a **Arato de Sole**, de Sicilia, cuyo himno a Zeus es citado por el Apóstol Pablo en su discurso en Atenas cuando dice refiriéndose a Dios: «*Porque en él vivimos, y nos movemos, y somos; como algunos de vuestros propios poetas también han dicho: Porque linaje suyo somos*»,[12] **Crispo de Sole** que se destacó como maestro y escritor, y en los dos últimos siglos antes de Cristo se destacaron **Panesio** que estuvo repetidamente en Roma y **Posidoni** que vivió en Rodas, siendo un hombre muy reconocido por sus contemporáneos. Ambos influyeron en Cicerón.

---

[12] Hechos 17.28.

Finalmente brilla con luz propia **Marco Aurelio** (121-180 AD), el emperador filósofo.

Las ideas

Para los estoicos todas las cosas son partes diferenciadas de una única materia activa: El **fuego racional**, que es la ley que mueve el universo y constituye su principio vital. También lo llaman *pneuma* (aliento, espíritu) *ígneo*. Como posee racionalidad puede considerarse que es el dios de los estoicos.

Esa única sustancia se dirige hacia un fin que nadie puede alterar, el mundo nace con este fuego y se disuelve con él cuando termina un ciclo cósmico, pero comienza otro que sigue el mismo proceso. Esta teoría se denomina **eterno retorno**.

En cuanto a la forma en que conocemos creen que la mente del hombre es una tabla rasa —idea que tomarían con posterioridad los empiristas— y que a través de los sentidos se ve expuesta a los objetos que dejan en ella su huella. De allí derivan las ideas, se desarrolla la memoria y nos permite tener concepciones más amplias y generales.

La ética

La búsqueda suprema del hombre es la felicidad, pero para los estoicos a diferencia de los epicúreos, no se encuentra en el placer sino en la sabiduría. Reconocen que el hombre debe vivir sujeto al principio ordenador de la naturaleza, tiene que reconocer la ley fatal del universo y obedecerla. Para eso debe aprender a renunciar a todo lo que no está a su alcance y soportar todo lo que le sucede como necesario y providencial. Recordaban y admiraban a Sócrates por la forma en que enfrentó su sentencia y muerte.

El sabio es el hombre que domina sus pasiones y las aquieta por medio de la razón. Se distingue por tres virtudes:

1. **Apatía**. Falta de pasiones a las que se expulsa por medio de la razón y la voluntad para llegar al estado de absoluta tranquilidad.

2. **Autarquía**. Ausencia de necesidades materiales, porque la felicidad se alcanza a través de la virtud.

3. **Obediencia.** Todo está fatalmente ordenado por el logos universal, por lo tanto lo único que debe hacer el hombre es sujetarse según esa ley.

El estoicismo es una exaltación de la conciencia del deber, rigidez moral, autodisciplina y fuerza de voluntad cuyo fin es alcanzar un estado de quietud que identifican con la felicidad.

Evaluación

La concepción estoica es en el fondo panteísta, todos los seres son finalmente un todo único. La rígida moral pretende revestir al hombre como una coraza protectora, sujeta a la dictadura de la razón que le quita toda espontaneidad.

La ética estoica con su singular dureza entra en colisión con la moral cristiana, es solo un férreo y torturante legalismo al que el hombre debe sujetarse, soportando y renunciando. Es una ética negativa en contraste con la ética cristiana, eminentemente positiva.

El cristiano cree en la soberana gracia de Dios que se acerca al hombre, lo persuade y regenera para que pueda también dar en su vida una respuesta de amor. Sin embargo la ética estoica suele infiltrarse en las filas de la fe cristiana, como sucedió en la iglesia de Galacia, donde el Apóstol Pablo tuvo que escribir una carta de fuerte amonestación. Los estoicos necesitaban conocer el alcance y la función de la gracia divina.

El eclecticismo romano

El avance de Roma determinó cambios en la filosofía. Roma conquistó a Grecia militarmente, pero el pensamiento griego conquistó a Roma. Los jóvenes romanos tenían en alta estima el perfeccionar su filosofía en Grecia.

Cuando los romanos accedieron a la filosofía griega, ésta había transitado ya un largo camino, por lo tanto trataron de reflexionar sobre las diferentes ideas. Comenzaron a surgir los eclecticismos que tomaban de diferentes corrientes de pensamiento lo que convenía al espíritu práctico romano y lo ensamblaban no siempre correctamente.

En medio de eso surgió el estoicismo romano que tuvo sus representantes más conspicuos en **Séneca**, **Epicteto** y **Marco Aurelio**.

Séneca había nacido en Córdoba, España al comenzar la era cristiana y murió en el 65 A.D. Estudió en Roma y llegó a ser preceptor de Nerón. Abandonó el panteísmo estoico aunque no parece haber llegado a la idea de un dios personal. Creía en la inmortalidad del alma y afirmaba que la felicidad no depende del mundo exterior, sino que está dentro del hombre. En cuanto a la realidad era fatalista, creía que la virtud era aceptar las cosas tal cual eran, sin pretender cambiarlas.

Epicteto (50-138 A.D.) de origen frigio también se estableció en Roma. Sostenía que el bien y el mal no existen fuera de nosotros mismos, y que el hombre tiene libertad absoluta para pensar. No creía en la inmortalidad del alma, pero afirmaba que el hombre podía alcanzar la felicidad en la tierra.

Marco Aurelio (121-180 A.D.), el emperador filósofo dio un giro al pensamiento de Séneca y Epicteto al reflexionar sobre sí mismo. Quería llegar a una vida plena y para ello predicaba una absoluta indiferencia sobre lo que sucedía en el mundo porque cada hombre debe ocuparse en su propio destino y por lo tanto debe volver su mirada al mundo subjetivo. Estaba convencido de la estrecha relación entre filosofía y religión, afirmando el orden divino del universo y la providencia que lo gobierna, pero además sostenía que existía un parentesco entre los hombres con dios, lo que convertía a toda la raza humana en familiares que deben amarse unos a otros.

LOS ESCÉPTICOS

Pirrón de Elis (360-270 A.C.) es considerado el fundador del escepticismo. Era un hombre austero y religioso cuyas ideas nos llegan por su discípulo **Timón de Filonte**.

Su pensamiento tuvo amplia difusión y se introdujo en la Academia platónica por medio de **Carnéades de Cirene** y **Arcesilao de Pitane**. En el año 70 A.C. lo retoma **Enesidemo de Cnosos** en Alejandría dándole el vigor de los primeros tiempos.

Las ideas

El escepticismo pone en duda la posibilidad misma de la filosofía para argumentar que la verdad está más allá del hombre y que éste, por más que se esfuerce, no puede alcanzarla. Consideran que todo conocimiento es subjetivo y relativo por lo tanto hay que abstenerse de reflexionar porque es imposible llegar a ninguna conclusión segura.

Esta abstención de reflexión sume al hombre en una profunda calma, en un estado de imperturbable serenidad, porque la turbación es fruto de la búsqueda y de los juicios que queremos emitir sobre las acciones o las cosas.

El estado de ataraxia lo querían obtener a través de la suspensión del juicio y la renuncia al conocimiento. Querían situarse en el terreno de la indiferencia total, sin adherir a ninguna opinión, demostrando que toda opinión era discutible y por tanto al negarles valor evitaban el desengaño.

Como consecuencia no tenían ideas propias y lo único que hacían era contradecir lo que otros filósofos proponían, oponiendo a cada propuesta otra contraria pero no con el fin de sacar conclusiones, sino para demostrar que era inútil querer llegar a una única verdad.

Sócrates había afirmado Solo sé que nada se, pero ellos querían ir más lejos, poniendo en tela de juicio hasta esa afirmación, argumentando que ni siquiera podía asegurarse la ignorancia.

Evaluación

Los escépticos son la mayor manifestación de la decadencia de la filosofía antigua. Sin embargo, fue positivo porque incentivó a las demás corrientes a investigar la verdad con mayor profundidad para poder polemizar con ellos.

Sin embargo su pensamiento es insostenible, porque aún para negar la validez de la razón debían razonar. Se ubicaron en el campo de la duda permanente, pero ellos mismo tuvieron que admitir que la duda no puede ser al mismo tiempo certeza. La duda debe ser un camino que conduzca hacia alguna salida.

El escepticismo tiene una influencia negativa en la sociedad, la paraliza y estaciona en la frustración y promueve el pesimismo.

CONCLUSIÓN

El final de la filosofía antigua marca la gran necesidad en que se debatía el hombre. Epicúreos, estoicos y escépticos diferían en sus enfoques pero estaban en la misma búsqueda: El estado de serenidad y plenitud, de paz interior.

La aventura del pensamiento

Han llegado a través de un arduo camino a comprender cual era la necesidad fundamental del ser humano: la paz. Buscaban en múltiples direcciones y tropezaban siempre con los límites de la razón y de la propia naturaleza humana. No conseguían la paz social y tampoco encontraban la personal.

Los filósofos habían seguido un arduo y agotador camino, y la actitud final de los escépticos ocultaba, detrás de la máscara de la indiferencia, la resignación de quienes se sentían forzados a aceptar la frustración.

El apóstol Pablo al escribir a los Gálatas dice: «*Pero cuando vino el cumplimiento del tiempo, Dios envió a su Hijo*».[13]

El mundo estaba preparado para recibir el mensaje que necesitaba, los corazones estaban ansiosos, las posibilidades humanas agotadas. Y Dios estaba por entrar en la historia.

---

[13] Gálatas 4.4.

La aventura del pensamiento

La aventura del pensamiento

Segunda Parte
FILOSOFÍA MEDIEVAL

La aventura del pensamiento

Capítulo 6:
Irrupción del cristianismo

Desde la periferia del Imperio Romano irrumpe vigorosamente y se difunde durante el primer siglo la fe cristiana. Fuertemente enraizada en la cultura hebrea, no es un corriente filosófica sino una religión. Sin embargo el cristianismo responde en forma categórica a todas las preguntas que los filósofos habían planteado.

Los griegos siempre habían estado abiertos al pensamiento religioso: Empédocles era sacerdote, Platón discurría sobre la piedad, Aristóteles escribía sobre la oración. Sin embargo tenían problemas con su teología: oscilaban entre el politeísmo y el monoteísmo.

El politeísmo característico de su cultura era intelectualmente inaceptable y muchos filósofos usan la teología popular como recurso retórico en sus escritos, pero cuando intentan desarrollar algún tipo de monoteísmo su dios aparece despersonalizado: una necesaria creación de la razón, pero desdibujada y falta de vigor.

No lograban concretar con claridad la relación existente entre el dios espiritual con la materia. En algunos casos caían en el panteísmo y en otros dios era solo un demiurgo cuya única función consistía en ordenar la materia cuya existencia era eterna.

Dios era para los cristianos mucho más que una idea, era el Supremo Ser, espiritual y eterno, causa de todas las cosas. Este Ser no menospreciaba la materia, porque era su creador; y no vacilaba en acceder a la materia tomando forma humana y entrando en relación directa con el hombre. El logos, sentido y fin del universo, no era una abstracción, se concretaba en la persona de Jesucristo, Dios manifestado en carne.

La ética cristiana no era el fruto de la especulación sobre la virtud, estaba basada en una serie de mandamientos dictados por Dios que constituían la base sobre la cual el hombre debía desarrollar su existencia.

Al fatalismo griego le oponían la providencia de Dios, muchas veces incomprensible para la mente humana, pero siempre «*agradable y perfecto*»,[14] y a las visiones cíclicas de la historia, el *eterno retorno*, oponían una concepción lineal donde todo convergía a través del *logos* en Dios. [15]

Los cristianos no renegaban de la razón y si bien sus primeros ministros fueron de origen judíos, posteriormente engrosaron sus filas con hombres formados en la cultura griega que no desechaban el razonamiento ni la especulación, pero lo hacían privilegiando la fe. Lo mismo sucedió con sus comunidades, al principio fueron excluyentemente judías, pero luego las hubo marcadamente cosmopolitas. Lo sorprendente era que las diversas culturas encontraban en la nueva fe un catalizador que les permitía la convivencia. Por lo tanto podía percibirse que entre los cristianos había una poderosa fuerza transformadora que afectaba la forma de pensar, pero también la conducta de los nuevos fieles.

Había nacido *un nuevo hombre*. Así lo explicaba Pablo de Tarso cuando refiriéndose a Jesucristo dice:

Porque él es nuestra paz, que de ambos pueblos hizo uno, derribando la pared intermedia de separación, aboliendo en su carne las enemistades, la ley de los mandamientos expresados en ordenanzas, para crear en sí mismo de los dos un solo y nuevo hombre, haciendo la paz, y mediante la cruz reconciliar con Dios a ambos en un solo cuerpo, matando en ella las enemistades. [16]

El enfrentamiento

Forzosamente fe cristiana y filosofía iban a enfrentarse e influenciarse recíprocamente. La Biblia deja testimonio del encuentro que Pablo de Tarso, de arraigada tradición judía y depurada formación griega, tuvo con epicúreos y estoicos a los que confrontó con la nueva fe en la ciudad de Atenas.

La formación hebrea de Pablo y sus convicciones cristianas lo hacia enardecer en la ciudad de Atenas, reputada por la exquisitez de

---

[14] Romanos 12.2.
[15] 1 Corintios 15.28.
[16] Efesios 2.14-16.

sus pensadores, pero manifiestamente pagana. Fiel a su costumbre, confrontaba a los judíos en la sinagoga y a los paganos en el ágora con la fe cristiana.

Filósofos epicúreos y estoicos lo llevaron a la colina dedicada al dios Ares para que expusiera con detenimiento sus ideas, sin saber si estaban ante una nueva fe o delante de un charlatán. Lucas —autor del relato— tipifica a los habitantes de Atenas diciendo: «*Porque todos los atenienses y los extranjeros residentes allí, en ninguna otra cosa se interesaban sino en decir o en oír algo nuevo*».[17]

En su discurso Pablo señaló que el Dios que predicaba nada tenía que ver con los dioses paganos o con el dios de los filósofos: Era un Dios desconocido en Atenas, el Creador del universo. Esta idea chocaba con el pensamiento griego que nunca habían concebido un dios que creara todo de la nada. El choque final se produce cuando habla de la resurrección, jerarquizando la parte material del hombre y negando la trasmigración de las almas.

Las reacciones fueron diversas: Algunos, excesivamente intelectualizados, se burlaron de la doctrina paulina, tal vez creyendo que era demasiado pueril. Otros no consideraron apropiado emitir juicio. En ambos casos se muestra el menosprecio que la soberbia griego tenía por los temas que incluían la fe. Pero algunos creyeron, estos fueron los que pudieron entender que más allá de la razón existe un dilatado horizonte que solo se alcanza por la fe.

La influencia estoica en el cristianismo primitivo

La influencia del pensamiento estoico en la conformación histórica del cristianismo fue decisiva. Los llamados *Padres del desierto*, considerados precursores del monacato medieval, son un claro ejemplo de esta influencia.

La mayoría de ellos vivieron entre el siglo III y V de nuestra era. El más famoso de ellos fue, sin lugar a dudas, San Antonio (251-356), quien comenzó su vida de ermitaño recluyéndose en una fortaleza romana abandonada en Pispir, Egipto, durante veinte años.

Existieron muchos tipos de ascetas que pretendieron llegar a Dios a partir de la autorreclusión y el sufrimiento. Se destaca entre ellos Simón Estilita (389-459), quien eligió un extraño método de reclusión:

---

[17] Hechos 17.21.

vivió desde su juventud hasta su muerte sobre la cima de una columna, primero de cinco metros, luego de seis, de once para finalmente morir, según cuenta la leyenda, en una de veinticinco metros de altura. Estas excentricidades hicieron a los ascetas muy famosos y reconocidos, lo que les hizo tener una gran ascendencia sobre la vida religiosa medieval. Influenciados por las doctrinas estoicas intentaron apartarse del mundo de la manera más drástica y radical. Fueron un ejemplo de santidad y consagración, pero en ellos gravitaban más las ideas paganas que el ideal cristiano de vida.

Algunos intérpretes, haciendo un análisis demasiado superficial y descontextualizado, han querido ver en Atenas un fracaso de Pablo. Dentro del contexto en que el Apóstol se movía el discurso y la argumentación eran lo más adecuado para la circunstancia. No podía esperarse de la mentalidad y la soberbia griega otro resultado. Lo sorprendente es que algunos, entre los que se encontraba el encumbrado Dionisio[18] el areopagita, pusieran su fe en Jesucristo.

Este episodio ilustra un enfrentamiento que, pese a que el cristianismo no es una filosofía, resultó ineludible. El problema consistía en establecer la relación que debía existir entre filosofía y cristianismo. Algunos pretendían interpretar al cristianismo como una forma popular de la filosofía clásica. Los cristianos rechazaban, con justa razón, esta explicación, pretendiendo desconocer todo vínculo.

Lo cierto es que cristianismo y filosofía se influenciarían mutuamente, influencia de la cual la primera manifestación sería el neoplatonismo.

EL NEOPLATONISMO

Origen y antecedentes

El centro desde donde se proyectó el neoplatonismo fue la ciudad de Alejandría, fundada por Alejandro el Magno y que durante ésta época estaba anexada al imperio romano.

El pensamiento filosófico clásico estaba en decadencia, sin embargo algunos filósofos intentaron continuarlo. **Plotino**, su máximo

---

[18] Hechos 17.34.

exponente, se consideraba platónico y sostenía que se debía continuar reflexionando en la misma senda abierta por el maestro desaparecido. Pero cuando los neoplatonistas analizan el pensamiento precedente suelen hacer una interpretación diferente a la clásica.

El neoplatonismo surge como una autodefensa de la cultura grecolatina que trata de sostener que la más alta sabiduría está en el conocimiento filosófico, sobre todo en las ideas de Platón a quien consideran el maestro supremo. Las religiones serían únicamente la popularización del pensamiento filosófico a través de mitos y alegorías para satisfacer las necesidades de la plebe.

El camino hacia el neoplatonismo fue abierto por **Filón de Alejandría** (30 A.C.–50 A.D.), estudioso judío que pretendía interpretar el Antiguo Testamento a la luz de la filosofía platónica. Por ello lo apodaban *el Platón judío*. Desarrolló la idea del *logos* como un intermediario entre Dios y el mundo: la mente divina que primero crea el mundo de las ideas y luego ordena la materia eterna para que las plasme en el mundo material.

Sin embargo el dios de Filón tiene una vitalidad distinta al de los otros filósofos: crea de la nada, tiene carácter, es un dios personal. Filón trataba así de conciliar la religión hebrea con la filosofía griega, la fe con la razón.

Plotino

Plotino (204-270 A.D.) había nacido en Licópolis, Egipto, y fue discípulo de Amonio de Saccas en Alejandría. Viajó a oriente formando parte de una expedición militar con el propósito de estudiar la filosofía persa e hindú. Finalmente se estableció en Roma donde fundó su escuela en la que enseñó por más de veinticinco años. Su pensamiento fue recogido por Porfirio, uno de sus discípulos, en una obra titulada *Eneadas*.

Las ideas de Plotino se centran en dios, al que denomina *Uno* y desarrolló una teoría de las emanaciones desde dios hacia las cosas y desde las cosas hacia dios. Así como desde una fuente emana el agua, todas las cosas emanan de dios y por lo tanto se identifican con dios. Es una forma de panteísmo.

Pero Plotino se mantiene unido al pensamiento platónico y por lo tanto sostiene la existencia de los dos mundos: El de las ideas y el sensible. Desde *Uno*, la unidad absoluta, emana la *Inteligencia*, engendrada por la *Unidad*, y de ella emana el *Alma* que es energía y actividad y la que origina las cosas concretas o Materia que es el último escalón de este descenso. El camino de ascenso se realiza mediante la ética.

La ética de Plotino

El hombre debe liberarse de las ataduras del cuerpo y purificarse para ascender hasta *Uno*. El alma, que conoce las cosas inteligibles, a través de la virtud puede elevarse hasta dios. Este ascenso se da por tres caminos:

1. **El amor ascético.** Que mata la fuerza esclavizante de la materia.
2. **La filosofía.** Que vuelve los mirada hacia las cosas eternas y permanentes.
3. **El arte.** Que materializa la pureza del espíritu.

A través de estos medios el alma puede en la intimidad elevarse, olvidar su individualidad, y luego en estado de éxtasis desprenderse de la materia y acceder a la comunión plena y temporal con *Uno*. La relación definitiva se dará en la otra vida donde el alma se unirá para siempre a la divinidad.

CONCLUSIÓN

El neoplatonismo, lejos de revitalizar la antigua filosofía de Platón, es un eclecticismo: reúne conceptos de la filosofía clásica con otros provenientes de las corrientes orientales. Como resultado cae peligrosamente en el panteísmo.

Este monismo panteísta es contrarrestado con la doctrina del Verbo que se ha hecho carne. Con Jesucristo, el Hijo de Dios, establecemos un diálogo que demuestra que el hombre y Dios son personas distintas. Para Jesucristo y de acuerdo con toda la enseñanza del Antiguo Testamento, el hombre es una creación de Dios diferenciada y no una emanación de la divinidad o del *Uno*.

Mientras que en el planteamiento de Plotino el hombre se aísla en una búsqueda individual, personal e íntima a través de la contemplación, en la fe cristiana el hombre encuentra su realización en la relación con el otro, con el prójimo, y la vida tiene una dinámica diferente.

El neoplatonismo surge como un intento final de la filosofía clásica por minimizar y desprestigiar al pensamiento religioso al que considera una expresión burda, útil únicamente para el vulgo. Sin bien acepta que la realización del hombre está en la comunión con Dios, establece para alcanzarla un camino equivocado. El neoplatonismo tendrá una gran influencia en la filosofía cristiana de la Edad Media.

La aventura del pensamiento

Capítulo 7:
Filosofía patrística: Agustín de Hipona

Filosofía y fe cristiana

La venida de Jesucristo al mundo, su sacrificio y su resurrección son el eje de la historia humana. El cristianismo no es una filosofía, sino una religión, por lo tanto tuvo que definir su posición frente a la filosofía antigua.

Con frecuencia se habla de *filosofía cristiana*, pero ¿existe realmente el pensamiento filosófico cristiano? Es una pregunta importante a la que Julián Marías responde:

> La división más profunda de la historia de la filosofía la marca el cristianismo, las dos grandes etapas del pensamiento occidental están separadas por él. Pero sería un error creer que el cristianismo es una filosofía; es una religión, cosa muy distinta: ni siquiera se puede hablar con rigor de filosofía cristiana, si el adjetivo cristiano ha de definir un carácter de la filosofía; únicamente podemos llamar filosofía cristiana a la **filosofía de los cristianos en cuanto tales**, es decir la que está determinada por la situación cristiana de que el filósofo parte.[19]

Cuando nos referimos a la filosofía cristiana como tal siempre tendremos en cuenta que estamos hablando de cristianos que filosofaron y marcaron una etapa importante en la historia del pensamiento occidental.

El fuerte embate de las corrientes neoplatónicas que venían de Alejandría puso a los cristianos en situación de combate. Los neoplatónicos consideraban a la fe cristiana como una forma vulgar de la filosofía. **Identificaban** a la filosofía con la fe y destacaban la superioridad del pensamiento filosófico sobre el cristianismo. Los cristianos se vieron obligados a contestar y esto abrió un interrogante: ¿qué relación existe entre la fe cristiana y la filosofía?

---

[19] Julián Marías, Historia de la filosofía Revista de Occidente, Madrid, 1974.

Algunos cristianos eran sumamente críticos hacia la filosofía y la declaraban **incompatible** con la fe, lo que hacía imposible elaborar una filosofía cristiana. Para ellos el filósofo moría cuando surgía el hombre de fe y viceversa.

Tertuliano en su *Apología* concluye el capítulo referido a la semejanza que hay entre el filósofo y el cristiano diciendo:

> Por lo tanto ¿qué tiene de semejante el filósofo y el cristiano, discípulo de Grecia el uno y del Cielo el otro, negociador de la fama el uno y de la vida el otro, operario de la palabra el uno y de los hechos el otro, edificador el uno y destructor el otro, falsificador de la verdad el uno y recuperador el otro, el que hurta verdad y el que la guarda? [20]

Pero no todos eran tan radicales, algunos trataban de establecer dos líneas paralelas entre filosofía y fe sosteniendo la teoría de la *ininfluencia*. Se trataba de dos verdades paralelas: una verdad religiosa y otra filosófica. Aceptaba que la filosofía y la fe podían ser diferentes y hasta antagónicas porque pertenecían a dos órdenes distintos pero podían ser admitidas conjuntamente.

La teoría de la *ininfluencia* fue censurada duramente por los cristianos, quienes sostenían que el Dios de la fe era también el Dios de la razón. Admitir cualquier contradicción sería atribuir en el Dios perfecto la imperfección.

Quienes negaban validez a la filosofía tenían a su favor lo que escribiera Pablo a los Corintios:

> Pues está escrito:
> Destruiré la sabiduría de los sabios,
> Y desecharé el entendimiento de los entendidos.
> ¿Dónde está el sabio? ¿Dónde está el escriba? ¿Dónde está el disputador de este siglo? ¿No ha enloquecido Dios la sabiduría del mundo? Pues ya que en la sabiduría de Dios, el mundo no conoció a Dios mediante la sabiduría, agradó a Dios salvar a los creyentes por la locura de la predicación. Porque los judíos piden señales, y los griegos buscan sabiduría; pero nosotros predicamos a Cristo crucificado, para los judíos ciertamente tropezadero, y para los gentiles locura; mas para los llamados, así judíos como griegos, Cristo poder de Dios, y sabiduría de Dios. Porque lo insensato de Dios es

---

[20] Tertuliano, El apologético (Madrid: Ciudad Nueva, 1997).

más sabio que los hombres, y lo débil de Dios es más fuerte que los hombres.[21]

Sin embargo, como hacían notar los defensores de la *ininfluencia*, el mismo Apóstol citó a los sabios griegos[22] en apoyo de la doctrina cristiana y habló de una sabiduría natural a través de la cual los paganos podían llegar a saber de la existencia y eterno poder de Dios.[23]

Finalmente, ante la necesidad de clarificar, establecer ciertos principios de doctrina y ejercer una defensa coherente que demostrara la racionabilidad de la fe cristiana, tuvieron que utilizar la filosofía con fines apologéticos.

Los primeros que lo hicieron fueron los llamados *Padres de la Iglesia* por lo que la primera etapa de la filosofía cristiana recibe el nombre de *Patrística*.

Filosofía patrística

El interés de la patrística se concentra en demostrar que las doctrinas reveladas no se oponen ni contradicen a la recta razón y sus dictámenes. La propagación de la fe cristiana era criticada como una forma de locura que, partiendo de fuentes judías, se extendía sobre el mundo grecorromano. Como consecuencia los cristianos tuvieron que defenderse. Este propósito apologético de la fe hizo que el pensamiento fuera ecléctico y tomara de las diferentes escuelas helenistas aquello que convenía a sus fines.

Las ideas **neoplatónicas** fueron las más seductoras y su atracción se debía a que separaba el mundo de las ideas del mundo sensible, por lo tanto les permitía identificar lo divino y sobrenatural con el mundo de las ideas.

También simpatizaron con el **estoicismo** porque su austeridad coincidía con la visión moderación y santidad del pensamiento cristiano.

En su desarrollo puede distinguirse varias etapas:

---

[21] 1 Corintios 1.19-25.
[22] Hechos 17.28.
[23] Romanos 1.20ss.

1. **Etapa de consolidación.** Caracterizada por las discusiones sobre la relación entre la fe y el pensamiento griego. Se extiende hasta aproximadamente el concilio de Nicea en el año 325.
2. **Etapa de apogeo.** Presidido por Agustín de Hipona, se extiende hasta mediados del siglo V.
3. **Etapa de declinación.** Se extiende hasta el siglo XIII en que nace la Escolástica.

Entre los apologistas más destacados se encuentran **Justino** (100-165 A.D.), quien por su formación griega conocía las principales corrientes filosóficas. Cuando se convirtió al cristianismo se dedicó a exponer las doctrinas cristianas valiéndose del pensamiento helénico. Su postura contrasta con la de **Tertuliano de Cartago** (155-220 A.D.), de sólida formación jurídica. Luego de convertido al cristianismo se transformó en un fogoso apologista y prolífico escritor es probablemente el más importante apologista latino anterior a Agustín.

Clemente de Alejandría (c. 155-220 A.D.) polemizó con los gnósticos. Estimaba en grado sumo la razón y la filosofía, pero colocaba en un lugar superior a la fe revelada a la que consideraba verdad suprema e inapelable. Su discípulo **Orígenes** (c. 185-c. 254 A.D.) en su obra *De Principiis* deja establecido el concepto cristiano de creación, al que define como «*sacar de la nada*». Al promulgar esta definición evidencia la incompatibilidad con todas las doctrinas filosóficas helenísticas.

A diferencia de los griegos, debemos subrayar que estos pensadores razonaban partiendo de la fe y creían *a priori* en la existencia del Dios personal de la Biblia. No estaban buscando a Dios o el sentido de la existencia, sino tratando de defender la fe que profesaban con fundamentos racionales.

Pese a todo no pudieron evitar en mayor o menor grado que su pensamiento tuviera algunas aristas heterodoxas porque en esa época aún existían ciertas imprecisiones y discusiones sobre doctrinas fundamentales. Sin embargo, el esfuerzo que realizaron es destacable y las generaciones posteriores se beneficiaron con su trabajo.

La aventura del pensamiento

AGUSTÍN DE HIPONA

Vida

Agustín (354-430 A.D.) nació en Tagaste, Numidia (África del Norte) y es el más grande de los Padres Latinos. Hijo de Patricio, un pagano irascible e infiel, y de Mónica, una fervorosa cristiana de fuerte carácter quien ejerció una influencia decisiva en su vida.

Tuvo una esmerada educación: Aprendió latín, rudimentos de griego —idioma que nunca llegó a dominar—, literatura, elocuencia, retórica, filosofía, derecho, biología, medicina, geometría, entre otras muchas disciplinas.

Según cuenta en sus *Confesiones* vivió su juventud en el desenfreno moral, rechazando la fe de su madre. Más tarde comenzó a buscar el sentido de la vida a través de la filosofía, la astrología y el maniqueísmo[24] hasta que la inesperada muerte de un íntimo amigo lo conmocionó de tal forma que lo lleva nuevamente a cuestionarse el sentido de la existencia.

Por razones laborales debe trasladarse a Milán para ejercer como profesor. Allí escucha al obispo Ambrosio quien le causa una profunda impresión, comienza a estudiar seriamente el cristianismo y se convierte.

El trabajo intelectual de Agustín opaca a todos los pensadores anteriores y su sombra se proyecta hasta el presente. Fue un escritor muy prolífico y entre sus obras se destacan *Confesiones*, donde relata su travesía interior y la *Ciudad de Dios* considerada como la primera filosofía y teología de la historia. Escribió además infinidad de tratados filosóficos y teológicos como *Contra los académicos*, *La inmortalidad del alma*, *El libre albedrío*, entre otros.

La razón y el conocimiento

Agustín creía en la autoridad suprema de las Sagradas Escrituras, pero estableció un nexo importante entre razón y fe entendiendo que

---

[24] *Doctrina de los maniqueos*, discípulos de Mani, basada en la coexistencia de dos principios antagónicos: *El bien y el mal*. Mani tomó elementos de Zoroastro y *Buda* sobre un fondo cristiano. Predicaba una moral rigurosa para alcanzar la luz.

la filosofía era la profundización y fundamentación racional de la fe cristiana.

Polemizó con los escépticos sobre la posibilidad de conocer la verdad. Sus adversarios sostenían —como hemos visto anteriormente— que no existe un fundamento en el cual cimentar el pensamiento, por lo tanto la verdad no existe. Agustín replicó que se puede dudar de todo, menos de la propia duda, por lo tanto hay una certeza en la cual afirmar el pensamiento.[25] Por lo tanto su filosofía parte y enfatiza la **interioridad**, buscando la verdad no a través de los sentidos, sino en el mundo espiritual.

La razón tiene reglas apriorísticas, comunes a todos los seres humanos. Esto hace que independientemente de su cultura, nacionalidad o raza todos los seres racionalmente sanos concuerden en algunos principios básicos, como por ejemplo que dos más dos son cuatro. Agustín atribuye esto a una **iluminación** interior. Esta iluminación nada tiene que ver con la gracia: no es un concepto teológico sino filosófico. La iluminación proviene del Dios Creador que echa luz sobre la inteligencia para que alcance las verdades que están más allá de los sentidos y es común a todos los seres humanos.

Gracias a la *teoría de la iluminación* supera el problema de la reminiscencia de Platón: No es necesario que el alma haya contemplado los universales en su preexistencia, sino que Dios ilumina nuestra mente para acceder a esos universales.

La metafísica agustiniana

La reflexión de Agustín gira en torno a los temas fundamentales de toda la filosofía anterior: Dios, lo material y el hombre:

1. **Dios**

    Para Agustín la existencia de Dios es obvia como la propia existencia del sujeto pensante. Así como al sujeto que piensa le resulta imposible comprobar su propia existencia con argumentos racionales contundentes y sin embargo no duda que existe, así también es obvio que Dios existe pero no es posible demostrarlo

---

[25] Este argumento sería retomado posteriormente por Renato Descartes.

en forma contundente y final par quien no quiere aceptar su existencia.

Por lo tanto demostrar la existencia de Dios es para Agustín un problema menor: Parte del alma humana, viviente y personal, que se eleva sobre las verdades particulares hacia la verdad universal. Concluye que esta ascensión demuestra la existencia de un Dios creador que lo abarca todo, sin ser él mismo parte del todo porque está por encima de todo. Es el Ser de todo ser. El Ser necesario, inmutable y eterno.

Dios es incomprensible e inefable, supera toda las posibilidades del conocimiento humano. El hombre es incapaz de concebirlo en toda su plenitud.

2. El mundo

Todas las cosas fueron creadas de la nada por un acto libre y voluntario de Dios. Agustín desecha la teoría de la emanación porque sería atribuir a Dios mutabilidad.

La creación se realizó fuera del tiempo, ya que el tiempo mismo es parte de la creación. Todo comenzó en un estado de confusión que se fue ordenando gracias a las razones seminales que Dios había colocado en la materia. La acción de Dios creó las circunstancias que permitieron que esas semillas se desarrollaran de acuerdo a sus designios.

La materia está muy cerca de la nada, solo los arquetipos eternos son permanentes. Gracias a ellos todo está ordenado según número, medida y peso.

3. El hombre

La influencia del platonismo en el pensamiento de Agustín se evidencia en su concepción antropológica.

El hombre está compuesto de cuerpo y alma. Ambas partes son esenciales, pero el alma, a la que define como una sustancia espiritual, tiene primacía sobre el cuerpo: es ella la que dispone sobre lo corporal.

El origen el pensamiento agustiniano atraviesa dos etapas. En la primera etapa es traducionista: cree que recibimos el alma de nuestros padres en el momento de ser engendrados. Luego su pensamiento evolucionó hacia el creacionismo, pensando que el alma es creada en el mismo momento de la concepción.

La ética agustiniana

Según Agustín en cada hombre está impresa la ley eterna del bien colocada por Dios. Esta conciencia moral no anula la libertad humana. La ley eterna no es otra cosa que la voluntad de Dios impresa en el hombre que lo ayuda a discernir entre el bien y el mal.

Pero como el hombre es libre, no basta con que tenga impresa la ley: es necesario que quiera cumplirla. De este modo Agustín se enfrenta al problema de la voluntad corrompida del hombre.

Agustín cree que el alma es conducida por la gravitación del amor. El amor activo es quien califica y determina la voluntad. Para eso es necesario amar rectamente, lo que implica que el amor no es ciego, sino que posee elementos de conocimiento. Ese amor recto es el punto central de su ética, porque llevará al hombre a la felicidad, un estado de reposo y equilibrio. A ese amor recto es al que se refiere en su famosa frase «*Ama y haz lo que quieras*».

Filosofía de la historia

La Ciudad de Dios es considerada el primer análisis de la historia universal a la luz del pensamiento cristiano. Los paganos atribuyeron la caída de Roma en el año 410 a la influencia del cristianismo. Agustín responde a esa acusación en esta obra monumental. Sostiene que la historia universal es una lucha entre el reino de Dios y el reino de la Tierra, entre la *civitas Dei* y la *civitas terrena*, entre la ciudad de Dios y la ciudad terrenal. La primera se funda en el amor a Dios y la segunda en el egoísmo. Estas dos ciudades coexisten mezcladas en la historia, oponiéndose entre sí y librando una batalla sin cuartel.

La victoria final será de la ciudad de Dios, pero mientras tanto aparecerán ciudades y reinos fundados en el egoísmo que sucumben y desaparecen. Tal es el caso de Roma, a quien Dios le permitió crecer, pero recibió el pago de su extravío.

Poniendo ejemplos del Antiguo Testamento, del pasado griego y la reciente historia de Roma describe como las fuerzas del bien y del mal se enfrentan permanentemente. Señala como clave de la historia a la redención efectuada por Jesucristo que nos permite alcanzar las altas metas del bien.

El triunfo definitivo y final del reino de Dios pone una nota optimista sobre el horizonte final de la historia.

CONCLUSIÓN

Agustín de Hipona es un hombre que vivió durante la transición de dos culturas, entre dos universos diferentes: El mundo antiguo, presidido por el pensamiento griego, y el mundo medieval que se gesta bajo la influencia del cristianismo. Formó parte de ambos mundos. Primero conoció la cultura griega y experimentó la angustia de la falta de respuesta. Luego de su conversión al cristianismo encuentra la llave maestra que responde a sus interrogantes y da sentido a su existencia. Entonces utilizó sus profundos conocimientos de filosofía antigua para producir una serie de obras que cimentarían el pensamiento filosófico cristiano.

Es indudable que admiraba a Platón, pero nunca sucumbió a la fuerza del pensamiento pagano. Se aferró a la soberanía de la Palabra de Dios y desde allí se atrevió a pensar, a reflexionar y analizar al mundo desde la óptica cristiana.

No desechó nada de lo que el Dios de la creación había dado al hombre y estimó la capacidad de razonar como un don especialísimo que no se debía menospreciar. Usando la luz de Dios sobre la razón, exaltó al Dios Redentor en toda su obra, convirtiéndose en el referente por excelencia de la fe cristiana.

DE LAS *CONFESIONES* DE SAN AGUSTÍN
CÓMO NECESARIAMENTE DIOS ES INVARIABLE E INCORRUPTIBLE

La aventura del pensamiento

Del mismo modo procuraba entender claramente todo lo demás, así como había averiguado que lo incorruptible es mejor que lo corruptible y por tanto, confesaba que cualquiera que fuese vuestro ser y naturaleza, precisamente había de ser incorruptible. Porque nadie pudo ni podrá jamás pensar cosa alguna que sea mejor que Vos, que sois el sumo y perfectísimo bien. Y como es verdad certísima que lo incorruptible se debe anteponer a lo que es corruptible, como yo lo conocía y ejecutaba, si Vos no fuerais incorruptible, pudiera mi entendimiento hallar alguna cosa mejor que Vos.

Conque allí mismo donde yo advertía que lo incorruptible es mejor que lo que puede corromperse, era donde debía buscaros, y desde allí descubrir el origen del mal, esto es, el principio de la corrupción, de la cual no es capaz vuestra divina sustancia. Porque de ningún modo, por ninguna voluntad, por ninguna violencia, por ninguna casualidad, puede la corrupción manchar e inficionar la naturaleza de nuestro Dios, pues él es Dios, y todo lo que quiere para sí, es de la línea del bien, y aun él mismo es el mismo bien que quiere, pero el poder corromperse no se ha juzgado jamás por bien alguno.

Ni tampoco cabe en Vos, Señor, el ser forzado a cosa alguna contra vuestra voluntad, ya que vuestra voluntad no es mayor que vuestro poder, a no ser que se diga que Vos sois mayor que Vos mismo, porque la voluntad y la potencia de Dios son el mismo Dios Finalmente, ¿qué casualidad puede haber impensada para Vos, que sabéis y conocéis todas las cosas perfectísimamente? Además de que ninguna naturaleza ni criatura alguna existe sino porque Vos la conocéis.

Pero ¿para qué gasto tantas palabras en probar que la naturaleza de Dios no puede ser corruptible, cuando es evidente que si lo fuera no sería Dios?

La aventura del pensamiento

Capítulo 8:
Filosofía Escolástica: Tomás de Aquino

Con la invasión de los bárbaros y la consecuente caída del Imperio Romano se inició un período angustioso. La unidad monolítica del pasado no pudo sostenerse y el Imperio se fraccionó. Desapareció la unidad lingüística, el latín fue evolucionando y comenzaron a surgir las lenguas romances.

A causa de la nueva distribución de las tierras se experimentaron fuertes cambios socio-económicos. La aristocracia romana perdió sus posesiones y la agricultura se transformó en la única fuente de trabajo y riqueza.

Las formas de vida y la cultura romana desaparecieron para dar paso a una nueva civilización.

En el aspecto cultural decayeron las artes y las letras, y dejó de cultivarse el pensamiento científico. Al disminuir la capacidad de creación, se renunció a toda investigación original. La cultura comenzó a vivir a expensas del pasado y como consecuencia la patrística perdió su fuerza especulativa. Los monasterios cumplieron un papel fundamental en la preservación de la cultura antigua, eran pequeños cofres dispersos por todo el territorio que contenían el tesoro y la semilla del pasado. La conservación y copia de manuscritos antiguos sería fundamental para tender el puente entre la antigüedad y el mundo moderno.

Los estudiosos se dedican a la compilación y clasificación del conocimiento del pasado. Aparecen las enciclopedias en las cuales se cataloga el conocimiento recopilando toda la información dispersa sobre los temas más diversos para luego ordenarla sistemáticamente.

Este período se cierra con el *renacimiento carolingio*. **Carlomagno** (742-814 A.D.), rey de los Francos y emperador de Occidente, se preocupó por elevar el nivel cultural del pueblo. Se rodeó de monjes cultos y con su asesoramiento creó escuelas en cada monasterio y obispado. Unificó la escritura y las leyes. Durante esta época de fugaz esplendor se edificaron capillas en estilo románico y se desarrolló el arte de la miniatura.

El Imperio Carolingio no pudo permanecer, pero sentó las bases de una nueva civilización occidental.

La escolástica

La reflexión filosófica llevada a cabo en las escuelas de la Edad Media desde Carlomagno hasta el Renacimiento tomó el nombre de escolástica. Estas escuelas, de las cuales deriva el nombre de la filosofía de este período, darán origen a las universidades medievales.

La base de la enseñanza eran las llamadas siete artes liberales que se dividían en dos grupos:

1. El **Trivium**. Incluía gramática, dialéctica y retórica.

2. El **Quadrivium**. Incluía aritmética, geometría, música y astronomía.

La enseñanza comprendía la **lectio** y la **disputatio**, que corresponderían a lecciones y ejercicios prácticos.

Estas escuelas se inspiraban en el principio de autoridad: desarrollaban su pensamiento sujetándose a la autoridad de la Biblia, el magisterio de la iglesia y los escritos de los grandes filósofos y teólogos, entre los que se destacaban Agustín y Aristóteles. Para los escolásticos la filosofía estaba subordinada a la teología y la meta era integrar en un sistema de pensamiento único el saber natural recibido de la filosofía pagana antigua con el cristianismo.

Como no siempre encontraban coincidencia entre la filosofía y la fe, se vieron obligados a reflexionar y discutir, siguiendo la lógica aristotélica, para tratar de sintetizar. Sin embargo el extremado respeto a Aristóteles —al que llamaban en forma excluyente *el filósofo*— y la sacralización de sus ideas se transformó en el freno más importante para el desarrollo posterior del pensamiento filosófico y científico.

La escolástica caracterizó a la vida espiritual de la Edad Media. Consideró a la vida terrenal como un camino de preparación que lleva a la vida eterna: durante su vida terrenal el hombre tiene la mirada puesta en lo *supraterrenal* que es su destino, y transita guiado por la fe y fortalecido por la gracia.

Filósofos escolásticos

Son varios los filósofos escolásticos relevantes, pero mencionaremos únicamente a **Anselmo y Abelardo**.

Anselmo de Canterbury (1033-1109) monje benedictino que es considerado como el padre de la escolástica porque fijó con precisión el ideal de esta filosofía en una frase: *fides quaerens intellectum*, la fe que trata de comprender. Plantea el tema central del escolasticismo: la relación entre la razón y la fe. En su obra *Proslogión* dice: *No intento, Señor, penetrar tu profundidad, porque de ninguna manera puedo comparar con ella mi inteligencia; pero deseo comprender tu verdad, aunque se imperfectamente, esa verdad que mi corazón cree y ama. Porque no busco comprender para creer, sino que creo para llegar a comprender. Creo en efecto, porque, si no creyere, no llegaría a comprender.*

Es famoso su *argumento ontológico* (denominado así impropiamente por Kant) en el que trata de probar la existencia de Dios. Sostiene que Dios es el mayor ser que puede ser pensado por el hombre. Si este ser Supremo y Perfectísimo, que es mayor que todos los seres, solo existiera en el entendimiento, no sería entonces el mayor, porque podríamos imaginarlo también en la realidad. Por lo tanto ese ser no solo existe en nuestro pensamiento e imaginación sino también en la realidad; por lo tanto Dios existe.

Tomás de Aquino consideró acertadamente que esta demostración era imperfecta. El argumento puede servir para definir a Dios, pero no para demostrarlo, porque lo que el hombre puede concebir no garantiza su existencia real. Destaquemos que Anselmo era primordialmente un teólogo y que siempre en sus escritos, de gran profundidad teológica, revela una profunda fe de la cual parte para sus razonamientos.

Pedro Abelardo (1079-1142) de origen francés, fue una de las figuras más relevantes del siglo XII. Su famoso y desdichado amor por Eloisa suele relegar al olvido su obra como pensador. Se dedicó a estudiar el tema de los universales. Según su concepción filosófica solo existen las cosas particulares y de la semejanza entre los particulares, la mente elabora el universal. Por lo tanto los universales no tienen existencia fuera de la mente, son solo opiniones que no representan un saber real. Fue resistido por los escolásticos de su tiempo porque anteponía la razón a la fe: no creía en lo que previamente no había razonado. Por lo tanto para Abelardo lo primero era entender para luego creer.

Influencia árabe oriental

En este momento de la historia, el pensamiento árabe hace sentir su influencia en occidente. El Imperio Musulmán instalado en España había convertido a la ciudad de **Córdoba** en un importante centro intelectual, en el cual se destacó el filósofo musulmán **Averroes** y el judío **Maimónides**.

Averroes (1196-1198) nacido en Córdoba, fue conocido como *el comentarista*, por la profusión y el estilo de sus escritos. Su pensamiento es aristotélico con influencias neoplatónicas, pero contextualizado con las enseñanzas del *Corán*. Creía que las verdades metafísicas podían expresarse tanto por la religión como por la filosofía. Rechazaba la idea de creación del mundo en el tiempo, sosteniendo que el mundo no tiene principio.

Para Averroes el alma humana emana del alma universal unificada. Según su doctrina y en discrepancia con Aristóteles, cree que el alma individual muere con el hombre. Lo que es inmortal es el alma universal, común a todos los hombres.

Maimónides (1135-1204) también nacido en Córdoba, es el rabino y filósofo judío más importante de la Edad Media, y su pensamiento sigue ejerciendo una profunda influencia. Formuló un credo de trece artículos al que se adhieren hasta el presente los judíos ortodoxos.

En su obra más conocida, *Guía de perplejos*, escrita en árabe, intenta conciliar fe y razón. Para eso confronta la filosofía aristotélica con los dogmas del judaísmo rabínico. Sostiene que los conflictos entre fe y razón surgen de interpretaciones erradas de la Biblia.

Coherente con su formación judía, sostiene que el mundo no es eterno sino creación de Dios, que el hombre es libre y responsable de sus actos y que su alma es inmortal.

TOMÁS DE AQUINO

La aventura del pensamiento

Vida

Tomás de Aquino (1225-1274) Es la figura más relevante de la escolástica, comparable en importancia a Agustín en la patrística y por eso recibe el apelativo de *doctor angélico*. Su influencia se prolonga hasta nuestros días a través de la corriente denominada *tomismo*.

Tomás de Aquino

El dominico Tomás de Aquino fue un hombre llamativo no solo por su capacidad para razonar, sino también por su aspecto físico: era extremada y llamativamente gordo.

La historia cuenta que al pasar el tiempo la obesidad del dominico fue tan prominente que debieron realizar un corte circular en su escritorio para que pudiera ubicarse en él sin inconvenientes. Incluso debieron reformar el comedor del monasterio para que pudiese sentarse a comer —actividad a la que era, como se comprenderá, particularmente afecto— sin incomodidades.

El día que Tomás de Aquino murió los monjes debieron construir un ataúd especial para albergar su prominente anatomía. Pero las dificultades no terminaron allí: una vez que hubieron colocado al cadáver en el féretro comprendieron que era imposible bajarlo, porque que se encontraba en una de las plantas superiores del monasterio. Tuvieron que ingeniarse para sacarlo por la ventana y de ese modo pudieron darle sepultura.

Pese su condición física su carácter era afable y tranquilo. Usualmente permanecía en silencio escuchando las clases de sus maestros, pero cuando hablaba era certero e incluso divertido.

Había pertenecido a una familia de cierta posición económica que vio con malos ojos la decisión de Tomás por entrar a la orden de los dominicos, porque esta orden era de las más austeras. Para intentar hacerlo cambiar de opinión lo mantuvieron prisionero durante cierto tiempo, tratando de demostrarle todo lo que perdería de entrar en la orden. Pero no pudieron doblegar la firmeza del futuro filósofo y teólogo.

La decisión, el orden y la consagración fueron las virtudes que caracterizaron la vida de Tomás de Aquino.

Nació en el seno de una familia noble, en Roccasecca, cerca de Aquino. Estudió en el monasterio de Monte Cassino y en la Universidad de Nápoles. Luego de ingresar a los dominicos, se traslada a París y de allí a Colonia. Fue alumno de Alberto Magno, un profundo conocedor de la filosofía aristotélica. La mayor parte del resto de su vida la pasó en París ejerciendo la docencia.

Toda su filosofía está profundamente influenciada por Aristóteles. Fue un fecundo escritor, sistemático en la exposición de las ideas. Legó una vasta obra a la posteridad. Sus ideas se hallan desarrolladas en *Suma contra los gentiles*, un manual de apologética y en *Suma teológica*, su obra magna, en la que pretendió sintetizar todo el saber teológico y filosófico. Trabajó en ella hasta poco antes de su muerte y la dejó inconclusa.

El conocimiento

Tomás sostiene, contra la opinión agustiniana, que lo primero que conocemos son las cosas materiales. Agustín pretendía encontrar la verdad dentro del hombre, mientras que Tomás invita a buscar afuera, por lo cual da especial importancia a la información obtenida por medio de los sentidos.

Con los aportes sensoriales recibimos los fantasmas de las cosas, sin los cuales es imposible el pensamiento. Lo recibido es iluminado por el entendimiento y formamos los universales.

Pero sería imposible llegar a los universales solo por medio de la percepción, porque esta no puede ser *causa total y completa*, en razón de la limitada cantidad de particulares que podemos percibir. Por lo tanto el intelecto tiene una función *creadora*. Flota en este pensamiento la de idea del conocimiento apriorístico.

Dios

Para demostrar la existencia de Dios propone cinco vías o caminos por los cuales se puede transitar hacia esa convicción:

1. **Movimiento**. La materia es inerte, por lo tanto todo lo que se mueve necesita un motor, y ese motor a su vez tiene que ser movido por otro. El primer motor, generador de todos los movimientos, es Dios.
2. **Causa eficiente.** Cada ser encuentra su origen en otro, por lo tanto existen muchas causas eficientes. La primera causa eficiente, causa no causada y causa de las causas es Dios.

3. **Contingencia.** Los seres existentes son eventuales, hubo tiempo en que no existían y pueden no existir en el futuro. Si todos los seres son eventuales o circunstanciales, hubo un momento en que no existió nada. De la nada no puede surgir nada, por lo tanto es necesario un ser esencial que haya dado existencia a todas las cosas. Ese ser esencial es Dios.
4. **Grados de perfección.** Todo lo que observamos tiene diversos grados de perfección. Lo imperfecto implica la existencia de lo perfecto, porque todo lo que tiene finitud no es más que restricción de la infinitud. Por lo tanto, lo perfecto es Dios. A diferencia de los anteriores, este argumento se origina en el platonismo.
5. Prueba teleológica. En el mundo hay orden y finalidad, lo que presupone una mente que organiza y da propósito a todas las cosas. Esa mente es Dios.

El hombre

Tomás parte siempre del principio creacional. El *ser* es siempre *ser creado*. El hombre es una unidad de cuerpo y alma, porque sin el alma el cuerpo no tendría forma y sin el cuerpo el alma no podría adquirir conocimiento porque este viene por medio de los sentidos.

El alma del hombre es diferente a la de los animales y las plantas porque es racional y espiritual, y de ella dependen las funciones intelectuales y volitivas. La función intelectual es independiente del cuerpo, por lo tanto el alma puede existir fuera del cuerpo. Así, se deduce que el alma es inmortal e incorruptible, mientras que el cuerpo es mortal y corruptible.

Ética

El fundamento de la moral, según Tomás de Aquino, se encuentra en la naturaleza misma. Así como todos los hombres poseen los supremos principios de una lógica común, así también poseen supremos principios morales. Esas normas, que no se pueden borrar del corazón, constituyen obligaciones para todo espíritu racional. Lo único que el ser humano debe hacer es seguirlas. Lo moralmente decisivo es la voz de nuestra propia razón práctica.

Razón y fe

Hemos dejado para lo último este punto porque reviste especial importancia. Tomás de Aquino cree en el inevitable acuerdo entre fe y razón. Cree en la existencia de dos categorías de verdades:

1. **Verdades de la revelación**, que sobrepasan el alcance de la razón.
2. **Verdades de la razón natural**, que dependen exclusivamente de la experiencia y de la lógica. **La fe no tiene que mezclarse con ellas.**

Tomás de Aquino cree que la fe es infinitamente mayor a la razón, porque se funda en la revelación y las verdades naturales no hacen más que aclarar las verdades sobrenaturales. Pero la inteligencia tiene un dominio que le es propio: la razón, y para creer es necesario un **conocimiento previo** y no sería posible creer en Dios si la razón natural no manifestara lo que es.

CONCLUSIONES

El paralelismo que Tomás de Aquino establece entre fe y razón es el punto más peligroso de su pensamientos, porque inconscientemente está abriendo la puerta a la autonomía de la razón y permitiéndole, como sucedió posteriormente, que se coloque sobre la fe.

Al respecto sostiene el reconocido teólogo católico Hans Küng:

> La influencia de Aristóteles se puso de manifiesto, concretamente, en el hecho de que Tomás diese —tuviese que dar— al saber de la razón humana una valoración muy diferente de lo que fuera el caso en la tradición teológica. Pues para él era indiscutible que la razón posee, frente a la fe, su autonomía, su propio derecho, su propio terreno. Había que aceptar plenamente ese nuevo apasionamiento por el saber, por la ciencia. Para los teólogos anteriores era más fácil; ellos mostraban, por así decir, la legitimidad de la razón, al lado de la fe. Tomás, sin embargo, se veía obligado, como explica en las introducciones a las dos Sumas, a mostrar la legitimidad de la fe al lado de la razón. Un reto totalmente nuevo que obligaba a reflexionar, de un modo nuevo y profundo, sobre la relación entre razón y fe. ¿Cuál era ese modo?

La aventura del pensamiento

Para Tomás estaba fuera de duda que la filosofía tiene su propia legitimación al lado de la teología. No porque la iglesia lo permita, sino por la naturaleza del orden de la creación. Es el propio Dios creador quien dotó al hombre de entendimiento y razón. La ciencia es una «hija de Dios», por ser Dios el «señor de las ciencias» («Deus scientiarum dominus»). Si se acepta esto, la consecuencia es un liberador giro de la totalidad de la teología:

– Un giro hacia lo creado y empírico.
– Un giro hacia el análisis racional.
– Un giro hacia la investigación científica.[26]

Este giro producirá muchos cambios positivos. En el Renacimiento habrá un crecimiento en la valoración de la investigación científica. El hombre volverá sus ojos a la naturaleza y sabrá apreciar su belleza, abandonando el desprecio por el cuerpo que caracterizó a la Edad Media.

Pero también producirá cambios muy negativos. El teólogo protestante Francis Schaeffer dice al respecto:

Mientras que, por un lado, al dar a la naturaleza un mejor lugar, se produjeron algunos buenos resultados, por otro lado, fue abierta la puerta a muchas más cosas que eran destructivas, como vamos a comprobar seguidamente. Según Aquino, la voluntad del hombre estaba caída, pero no lo estaba el intelecto. Es de este concepto incompleto de la caída bíblica que manaron todas las dificultades. El intelecto del hombre quiso ser autónomo; en una esfera concreta, el hombre se declaró independiente, autónomo.

Esta esfera de lo autónomo toma en Aquino varias formas. Una de sus consecuencias, por ejemplo, fue el desarrollo de la teología natural. La teología natural es una reflexión teológica que puede emprenderse independientemente de las Escrituras. Aunque fue un estudio autónomo, Aquino buscaba la unidad y manifestó que había una correlación entre la teología natural y las Escrituras. Pero el punto importante para todo lo que siguió luego estriba en que se acababa de sentar la base para un área realmente autónoma.

---

[26] Hans Küng, *Grandes Pensadores Cristianos* (Madrid: Trotta, 1995).

Sobre la base de este principio de autonomía, la filosofía asimismo se declaró libre y se separó de la revelación. Por consiguiente, la filosofía tomó alas y voló a dondequiera la impulsó su deseo, sin guardar relación con la Escritura. Esto no quiere decir que dicha tendencia no se hubiera manifestado nunca antes; no, lo que significa es que apareció entonces, y a partir de entonces, de manera avasalladora, total.[27]

¿Dónde falla el pensamiento tomista? En su antropología, porque no tiene en cuenta que en la caída el pecado afectó al hombre en su totalidad. Lo afectó en el aspecto moral y volitivo, pero también en el aspecto intelectual. El hombre caído tiene afectado también su pensamiento: no modificará su conducta para adaptarla a la recta razón, sino que alterará la razón para justificar sus desviaciones.

Cuando el apóstol Pablo en la *Epístola a los Romanos* analiza la situación de pecado en el mundo grecorromano hace un análisis de sus inclinaciones y posterior declinación aplicable al hombre de todos los tiempos.

El apóstol dice: «*Porque la ira de Dios se revela desde el cielo contra toda impiedad e injusticia de los hombres que detienen con injusticia la verdad; porque lo que de Dios se conoce les es manifiesto, pues Dios se lo manifestó*».[28]

La Palabra de Dios no niega la excelencia del testimonio de la naturaleza acerca de la existencia y grandeza del Creador, pero señala la actitud rebelde del hombre que se niega a reconocerlo.

Este estado de rebelión trae como consecuencia que Dios lo entregue a la inmundicia y se manifieste el pecado en sus formas más groseras: «*Por lo cual también Dios los entregó a la inmundicia, en las concupiscencias de sus corazones, de modo que deshonraron entre sí sus propios cuerpos...*»[29]

Finalmente ante la obstinación humana en el pecado Dios lo entrega a una mente reprobada:

---

[27] Francis Schaeffer, *Huyendo a la razón*, Barcelona, España. Ediciones Evangélicas Europeas. 1969.
[28] Romanos 1.18-19.
[29] Romanos 1.24.

Y como ellos no aprobaron tener en cuenta a Dios, Dios los entregó a una mente reprobada, para hacer cosas que no convienen; estando atestados de toda injusticia, fornicación, perversidad, avaricia, maldad; llenos de envidia, homicidios, contiendas, engaños y malignidades; murmuradores, detractores, aborrecedores de Dios, injuriosos, soberbios, altivos, inventores de males, desobedientes a los padres, necios, desleales, sin afecto natural, implacables, sin misericordia; quienes habiendo entendido el juicio de Dios, que los que practican tales cosas son dignos de muerte, no solo las hacen, sino que también se complacen con los que las practican.[30]

Por lo tanto el problema humano no es su ignorancia, sino su rebelión. Este aspecto que no tuvo en cuenta Tomás de Aquino hizo que, inconscientemente y de buena fe, abriera el camino al pensamiento autónomo y, como consecuencia, al humanismo.

DE LA SUMA TEOLÓGICA DE SANTO TOMÁS DE AQUINO

TRATADO DE DIOS. SI DIOS EXISTE

La existencia de Dios se puede demostrar por cinco vías.

La primera y más clara se funda en el movimiento. Es innegable, y consta por el testimonio de los sentidos, que en el mundo hay cosas que se mueven. Pues bien, todo lo que se mueve es movido por otro, ya que nada se mueve más que en cuanto está en potencia respecto a aquello para lo que se mueve. En cambio, mover requiere estar en acto, ya que mover no es otra cosa que hacer pasar algo de la potencia al acto, y esto no puede hacerlo más que lo que está en acto, a la manera como lo caliente en acto, v. gr., el fuego hace que un leño, que está caliente en potencia, pase a estar caliente en acto, y así lo mueve y lo cambia. Ahora bien, no es posible que una misma cosa esté, a la vez, en acto y en potencia respecto a lo mismo, sino respecto a cosas diversas: lo que, v. gr., es caliente en acto, no puede ser caliente en potencia, sino que en potencia es, a la vez, frío. Es, pues, imposible que una cosa sea por lo mismo y de la misma manera motor y móvil, como también lo es que se mueva a sí misma. Por consiguiente, todo lo que se mueve es movido por otro. Pero, si lo que mueve a otro es, a su vez, movido, es necesario que lo mueva un

---

[30] Romanos 1.28-32.

tercero, y a éste otro. Mas no se puede seguir al infinito, porque así no habría un primer motor y, por consiguiente, no habría motor alguno, pues los motores intermedios no mueven más que en virtud del movimiento que reciben del primero, lo mismo que un bastón nada mueve si no lo impulsa la mano. Por consiguiente, es necesario llegar a un primer motor que no sea movido por nadie, y éste es el que todos entienden por Dios.

La segunda vía se basa en la causalidad eficiente. Hallamos que en este mundo de lo sensible hay un orden determinado entre las causas eficientes; pero no hallamos, ni es posible, que cosa alguna sea su propia causa, pues en tal caso habría de ser anterior a sí misma, y esto es imposible. Ahora bien, tampoco se puede prolongar al infinito la serie de las causas eficientes, porque siempre que hay causas eficientes subordinadas, la primera es causa de la intermedia, sea una o muchas; y ésta, causa de la última; y puesto que, suprimida una causa, se suprime su efecto, si no existiese una que sea la primera, tampoco existiría la intermedia ni la última. Si, pues, se prolongase al infinito la serie de causas eficientes, no habría causa eficiente primera, y, por tanto, ni efecto último ni causas eficientes intermedias, cosa falsa a todas luces. Por consiguiente, es necesario que exista una causa eficiente primera, a la que todos llaman Dios.

La tercera vía considera el ser posible o contingente y el necesario, y puede formularse así. Hallamos en la naturaleza cosas que puedan existir o no existir, pues vemos seres que se producen y seres que se destruyen, y, por tanto, hay posibilidad de que existan y de que no existan. Ahora bien, es imposible que los seres de tal condición hayan existido siempre, ya que lo que tiene posibilidad de no ser hubo un tiempo en que no fue. Si, pues, todas las cosas tienen la posibilidad de no ser, hubo un tiempo en que ninguna existía. Pero, si esto es verdad, tampoco debiera existir ahora cosa alguna, porque lo que no existe no empieza a existir más que en virtud de lo que ya existe, y, por tanto, si nada existía, fue imposible que empezase a existir cosa alguna, y, en consecuencia, ahora no habría nada, cosa evidentemente falsa. Por consiguiente, no todos los seres son posibles o contingentes, sino que entre ellos, forzosamente, ha de haber alguno que sea necesario. Pero el ser necesario o tiene la razón de su necesidad en sí mismo o no la tiene. Si su necesidad depende de otro, como no es posible, según hemos visto al tratar de las causas eficientes, aceptar una serie infinita de cosas necesarias, es forzoso que exista algo que sea necesario por sí mismo y que no tenga fuera de sí la causa de su necesidad, sino que sea causa de la necesidad de los demás, a lo cual todos llaman Dios.

La cuarta vía considera los grados de perfección que hay en los seres. Vemos en los seres que unos son más o menos buenos, verdaderos y nobles que otros, y lo mismo sucede con las diversas cualidades. Pero el más y el menos se atribuyen a las cosas según su diversa proximidad a lo máximo, y por esto se dice que es más caliente lo que se aproxima más a lo máximamente caliente. Por tanto, ha de existir algo que sea verísimo, nobilísimo y óptimo, y por ello ente o ser supremo; pues, como dice el Filósofo, lo que es verdad máxima es máxima entidad. Ahora bien, lo máximo en cualquier género es causa de todo lo que en aquel género existe, y así el fuego, que tiene el máximo calor, es causa del calor de todo lo caliente, según dice Aristóteles. Existe, por consiguiente, algo que es para todas las cosas causa de su ser, de su bondad y de todas sus perfecciones, y a esto llamamos Dios.

La quinta vía se toma del gobierno de las cosas. Vemos, en efecto, que cosas que carecen de conocimiento, como los cuerpos naturales, obran por un fin, como se comprueba observando que siempre, o casi siempre, obran de la misma manera para conseguir lo que más les conviene; por donde se comprende que no van a su fin obrando al acaso, sino intencionadamente. Ahora bien, lo que carece de conocimiento no tiende a un fin si no lo dirige alguien que entienda y conozca, a la manera como el arquero dirige la flecha. Luego existe un ser inteligente que dirige todas las cosas naturales a su fin, y a éste llamamos Dios.

La aventura del pensamiento

Tercera Parte
FILOSOFÍA MODERNA

La aventura del pensamiento

Capítulo 9:
Introducción: Racionalismo y empirismo
ORIGEN DE LA MODERNIDAD

Es difícil determinar el momento en que se inicia una nueva edad, los límites que se colocan suelen ser convencionales. En general se coincide en que la Edad Moderna se inicia con el movimiento que llamamos Renacimiento, una corriente renovadora caracterizada por su oposición a la filosofía y la ciencia escolástica medieval.

La actitud de los primeros renacentistas era un simple e ilusionado abrirse a la belleza de la vida, al valor que la naturaleza tiene por sí misma. En un principio se utilizaron como fuentes de inspiración los poetas latinos, que habían caído en el olvido en el primer período de la Edad Media; más tarde la toma de Constantinopla por los turcos ocasionó la emigración hacia el Occidente europeo de muchos sabios bizantinos, que difundieron el conocimiento de los textos originales de la filosofía griega.

La Europa cristiana conocía las doctrinas de Platón desde la Alta Edad Media, y las de Aristóteles desde el siglo XIII. Sin embargo, el desconocimiento de la lengua griega, entre otros factores, impidió a las clases cultas medievales acceder a las obras filosóficas en forma directa. Al difundir el idioma, los sabios bizantinos traen las obras mismas, la posibilidad de su comprensión y del aprecio de su belleza. La impresión que produjo en los espíritus la obra maravillosa de Platón fue enorme. Todo un mundo poético, cargado de una secreta intimidad personal solo sugerible en mitos e imágenes, se descubre de pronto ante aquella generación polarizada de antiguo en la filosofía objetiva y la trascendencia religiosa.

Entonces se apoderó de los hombres una profunda admiración hacia la cultura griega, unida a un absoluto desprecio por lo medieval. No se trata ya de la reacción, muy justa, contra el abandono de las formas literarias, sino que los mismos estilos artísticos del medioevo —el gótico y el románico— se consideran bárbaros y son sustituidos por un nuevo estilo, que pretende inspirarse exclusivamente en los cánones griegos. Este entusiasmo literario y artístico —especie de reencuentro del hombre consigo mismo, con el gusto por la vida, tras un período árido y desabrido— fue el motivo que inspiró al siglo renacentista. Es la época de Miguel Ángel, Rafael, Leonardo de Vinci, la gran eclosión del espíritu creador.

Sin embargo, aquel fetichismo hacia la antigüedad pagana originó pronto la tendencia a restaurar una cultura humanista, una cultura cuyo centro fuera el hombre, concebido como la medida y el fin de todas las cosas, tal como en la antigua Grecia. Pero este nuevo humanismo ya no podría ser el humanismo ingenuo de los antiguos griegos, porque estaban por medio quince siglos de cristianismo y de cultura teocéntrica.

Aunque la mayor parte de los humanistas no lo comprendieron en ese momento, detrás de ese resurgimiento se ocultaba la segunda de las negaciones —mucho más grave— que la cultura moderna oponía a la medieval: la que renegaba del carácter teo-centrista. Esta segunda negación constituía para la filosofía moderna y para la totalidad de la cultura, un germen de progresiva secularización, que produciría, corriendo el tiempo, corrientes de anticristianismo y ateísmo. Al comienzo se conservó la fe cristiana, pero juntamente se desarrolló una irrefrenable tendencia a desprender el pensamiento humano de toda autoridad. Nace cono consecuencia el pensamiento autónomo.

En el dominio de la ciencia esta demanda de libertad era bastante justa: la cultura medieval se había centrado casi exclusivamente en la teología y en la filosofía, buscando una síntesis entre ambas disciplinas. Para la primera, el dogma constituía una fuente de autoridad indiscutible; para la segunda, el magisterio de Aristóteles eran la base que la filosofía medieval prolongaba y adaptaba. Pero la autoridad de Aristóteles y de los maestros griegos se había extendido durante los siglos medios a las ciencias de la naturaleza, con la aceptación de sus principios y el abandono de la experimentación concreta y del verdadero interés por esta fuente del saber. Un sano espíritu de **investigación experimental,** con el olvido de los viejos y caducos dogmas, presidirá desde esta época el dominio de las ciencias particulares, que poco a poco arrancarían a la filosofía y a la teología el primado en la atención de los hombres.

LA NUEVA CIENCIA EXPERIMENTAL

Copérnico, clérigo polaco (1473-1543), propugnó por vez primera desde el punto de vista científico el sistema heliocéntrico, oponiéndose de esta manera a la complicada teoría geocentrista de **Ptolomeo** y de las esferas celestes, que dominaba hasta su tiempo como hipótesis explicativa de los fenómenos astronómicos.[31] Sobre este descubrimiento trascendental, otro autor, el dominico **Giordano Bruno** (1548-1600), construye un sistema panteísta en el que la Tierra se reduce a una partícula de un universo infinito al que otorga carácter divino. Por no retractarse de sus «errores teológicos» es condenado a la hoguera por la inquisición.

Galileo Galilei (1564-1642) Sentó las bases de la dinámica moderna. Fue el primer matematizador de las ciencias de la naturaleza, y se le considera como el iniciador de la física cuantitativa por oposición a la física cualitativa del aristotelismo. Su célebre proceso se originó cuando siguiendo las ideas de Copérnico y con la ayuda del telescopio —inventado por los hermanos holandeses Hans y Christian Hansen y perfeccionado por él— comenzó a demostrar experimentalmente que el universo era heliocéntrico.

Pero es **Kepler** (1571-1630) quien da un paso gigantesco en la comprensión del universo con su *Astronomía Nova*. No solo corrobora el sentido heliocéntrico del universo, sino que señala el carácter elíptico de las órbitas y las leyes gravitatorias de los planetas. Su pensamiento vanguardista dejó perpleja a su generación. Ni sus contemporáneos alemanes, ni Galileo en Italia comprendieron la significación y las consecuencias de sus descubrimientos.

Isaac Newton (1642-1727) Fue el gran sistematizador de la física cuantitativa moderna juntamente con Descartes. En su obra

---

[31] El sistema geocéntrico sostenía que la tierra era el centro del universo y todos los astros giraban a su alrededor. El sistema heliocéntrico sostenía que el sol era el centro y la tierra giraba a su alrededor.

Philosophiae Naturalis Principia Mathematica, formula los conceptos fundamentales de la mecánica clásica o física del racionalismo: las nociones de espacio y tiempo como medios absolutos y uniformes, los conceptos matematizados de movimiento, masa, fuerza, etc. Estudió también los fenómenos de la luz (teoría corpuscular) explicando la multiplicidad de los rayos que componen la luz blanca solar y el fenómeno del arco iris. Su principal descubrimiento fue, como se sabe, la formulación matemática de la ley de gravitación universal, en la que la caída de los cuerpos aparece dentro de una ley general del movimiento de los astros.

EL RACIONALISMO

La concepción racionalista

Dentro de esta ebullición de nuevos gustos, ideas, aversiones y orientaciones científicas, se va forjando durante el post-renacimiento una mentalidad filosófica nueva que habrá de ser característica de la modernidad: el racionalismo.

La filosofía medieval había concebido a este mundo como algo **contingente**, es decir, algo que posee una **esencia** —consiste en algo— pero que no conlleva en sí la **existencia**; es decir que podría no existir. La contingencia del mundo —y de nosotros dentro de él— exige la existencia de un **Ser Necesario** —Dios— que confiere la existencia a cuanto por sí no lo posee ni exige.

La filosofía moderna, hostil al **teocentrismo**, pretendió trasladar la condición de *ser necesario* desde Dios al **mundo en que vivimos.** No es que adjudicase la necesidad a cada una de las cosas reales existentes, ya que esto pugna con la experiencia, pero sí al universo considerado como un todo.

Según la concepción racionalista, atribuimos contingencia a la naturaleza por un defecto en nuestro modo de ver las cosas, de nuestra capacidad de conocer. En un conocimiento adecuado, perfecto, de las cosas de la naturaleza, estas se verían tan necesarias como cualquier proposición matemática. Porque el Universo es en sí necesario, tiene una estructura racional, y su clave se halla escrita en signos matemáticos. Laplace acertó al expresar la tesis general del racionalismo en una forma muy gráfica: «*Si una inteligencia humana potenciada llegase a conocer el estado y funcionamiento de todos los átomos que componen el Universo, este le aparecería con la claridad de un teorema matemático: el futuro sería para ella predecible y el pasado deductible*».

Para el racionalismo la realidad no se halla asentada sobre unos datos creados contingentes, es decir, que podrían ser otros diferentes; ni en su desenvolvimiento hay tampoco contingencia.

Esta concepción básica explicará también dos características muy generalizadas en el pensamiento moderno:

1. Una tendencia a reducir los órdenes superiores y más complejos de la realidad a los inferiores hasta llegar al matemático, que es puramente racional. Un método que exige, por ejemplo, reducir la religión a fenómenos psicológicos; la psicología, a fisiología; la fisiología, a física; la física, en fin, a matemática.

2. Centrar el ideal y el esfuerzo en el progreso. Según esta idea, la humanidad debe avanzar siempre en un progreso, a cuyo término se halla el conocimiento omnicomprensivo o total de la realidad, esa visión de las cosas que nos pintaba Laplace en la que todo aparece con la evidencia de lo necesario. No es que el progresismo crea en la posibilidad práctica de que los hombres lleguen alguna vez a ese estado, pero cree en la posibilidad teórica, porque la realidad tiene en sí una estructura racional, necesaria, y la marcha del saber humano debe ser un constante aproximarse a ese ideal cognoscitivo.

Hasta los albores del siglo presente la filosofía moderna tratará de concebir por mil modos diferentes ese ideal del racionalismo, que marcan el ocaso de la concepción racionalista.

Descartes, primer gran filósofo de la modernidad, sentará las bases del **racionalismo**. Dos grandes corrientes de pensamiento el racionalismo, sistemático o continental, y el **empirismo** o inglés confluirán en la formación de un racionalismo más complejo y refinado: el formalismo de **Kant**.

Este dará lugar a la culminación de la concepción racionalista en el idealismo absoluto de **Hegel** y su escuela. Por fin, ya en nuestro tiempo la insuficiencia y falsedad del racionalismo dará paso a la nueva filosofía irracionalista y existencialista, que, ante todo, tiene un sentido de reacción y de crisis. A través de ellas se genera la transición hacia la problemática filosófica de nuestra época.

René Descartes (1596-1650)

La primera figura importante de la filosofía moderna no aparece hasta principios del siglo XVII con la personalidad y la obra del francés **René Descartes**. Él recoge en su concepción el ambiente de su época post-renacentista, y sienta las bases de la nueva mentalidad racionalista. Sus obras principales son *Discurso del método* y *Meditaciones metafísicas*.

Descartes es el prototipo del filósofo moderno por oposición al medieval: No es un clérigo, sino un seglar que está dedicado a las armas y las letras; no escribe solamente en latín, sino que inicia el uso en libros científicos de su lengua nativa, el francés. Descartes fue un espíritu universal, que compendió todo el saber de una época. Estudió en el más ilustre colegio de Francia en su tiempo, el de la Fleche, regentado por los jesuitas, donde entró en contacto con la ciencia y la filosofía de corte aristotélica y escolástica; conoció asimismo toda la matemática y la física de su época; viajó largamente por Europa, tomando parte bajo distintas banderas en las guerras religiosas. A los treinta y dos años todo el mundo de conocimientos, de ideas y de ambientes de su época gravitaban sobre su mente. Fue entonces cuando decidió retirarse a la soledad para recapitular serenamente sobre aquel complejísimo mundo cultural al que no veía unidad, ni base, ni sentido.

El método: En este momento de su vida, el espíritu de Descartes es una imagen de la atormentada crisis del Renacimiento. La concepción medieval del mundo geocéntrico se había derrumbado. La tierra, y por ende el hombre, no eran el centro del Universo. Habían vivido engañados durante siglos.

El drama de Descartes es **¿Cómo puedo conocer y llegar a la verdad?**

¿Podía dar crédito a **Aristóteles**? Durante siglos se le había otorgado al filósofo griego una autoridad absoluta, pero había sido desmentido por la experimentación.

Tampoco los **sentidos** eran dignos de crédito: Durante años la humanidad había visto al sol moverse, cuando realmente la Tierra era la que se desplazaba.

La **Iglesia**, partiendo de sus dogmas, había condenado a Galileo, pero finalmente se demostró que el científico tenía la razón y la iglesia estaba equivocada.

Descartes sintió que sus ideas pugnaban unas contra otras y termina por desconfiar de todo, no alcanza a ver una base firme desde la cual partir para razonar. Así como Arquímedes pedía un punto de apoyo para mover el mundo, Descartes buscaba ese punto de apoyo para el pensamiento. Entonces decide meditar sinceramente, en la soledad de su propio diálogo interior.

Es frecuente interpretar que Descartes hace con esto una profesión de escepticismo, pero nada más alejado de la verdad: ni la duda cartesiana es escéptica, ni lo es su intención, que, por el contrario, se dirige precisamente a salvar al hombre de la verdadera duda, del escepticismo que le amenaza. La duda que propone Descartes no es una duda real, sino una duda metódica. Descartes busca, ante todo, un método.

Método proviene de las voces griegas *meta* (hacia) y *odos* (camino): camino, dirección, que lleve rectamente al fin que se pretende. El método buscado por Descartes ha de ser aquel que conduzca, por vía segura y sin mediar oscuridades ni pasos inciertos, hacia la construcción de un saber, de una ciencia, en la que resplandezca la verdad por sí misma. Así, Descartes no se propone dudar realmente de todo, lo que es imposible en la práctica, sino obrar en esa búsqueda como si dudase de todo, dudar universalmente por método. Es como un desposeerse provisionalmente de cuanto la ciencia o la vida le han enseñado para ver si, en ese confuso y desordenado arsenal de cosas varias, hay algo que se salve de toda posibilidad de duda para sobre ello construir después el edificio del saber.

Todo lo que Descartes examina le parece dudoso. Cuando está frente a los objetos, sabiendo que los sentidos pueden engañar, se pregunta: ¿Cómo puedo saber que ese objeto está allí? ¿No será todo un sueño? ¿No será una alucinación? ¿No me estará engañando algún espíritu demoníaco.

Descartes se detiene al cabo de sus análisis ante una proposición en la que no ve posibilidad de ataque: *Dudo de todo, pero al dudar estoy pensando, y si pienso, existo.* Se trata del principio que lo hará famoso: «*pienso, luego existo*» (*cogito, ergo sum*). Me capto a mí mismo, en la más inmediata e íntima experiencia de mi ser, como algo que piensa y que, por pensar, existe. En este juicio, la existencia no se deduce por el razonamiento, sino por una intuición, un golpe de vista, en el cual el sujeto se revela a sí mismo como ser que existe pensando. Esta proposición será para Descartes el punto firme de apoyo, la base sobre la que pretenderá construir su nuevo sistema del saber.

Seguidamente Descartes trata de descubrir lo que hace a ese principio, inviolable a cualquier género de duda, y lo encuentra en el hecho de ser evidente. Una idea es evidente para Descartes cuando se ofrece al entendimiento como clara y distinta. Clara es aquella idea que se conoce separada, bien delimitada de lo demás; distinta, aquella cuyas partes o elementos se destacan u ordenan con nitidez en su interior. Tales caracteres de la evidencia resplandecen, según Descartes, en su principio *cogito, ergo sum,* idea que, establecerá como verdad fundamental.

Pero el problema de Descartes es relacionar el *yo* existente con el mundo exterior. Para salir de este problema exhumó las ideas de San Anselmo en cuanto a la existencia de Dios: Pensando puedo concebir al Ser perfecto, pero yo soy imperfecto. ¿Cómo puedo percibir la perfección? Solamente porque Dios puso en mí la idea de perfección, por lo tanto Dios existe.

Si Dios existe, él no puede engañarnos, por lo cual la idea de nuestro mundo exterior tiene que ser cierta y mi cuerpo debe existir al margen de mi mente. Pero ambos —cuerpo y mente— funcionan al unísono como si fueran dos relojes sincronizados.

De esto deduce la idea de **sustancia**. Para Descartes sustancia es aquello que no necesita de ninguna otra cosa para existir, por lo tanto únicamente Dios es sustancia. Pero todas las cosas están hechas de sustancia finita, es decir que necesitan de Dios para existir.

Los dos factores fundamentales que caracterizan el pensamiento de Descartes son:
1. El racionalismo: Reduce el conocimiento a la razón, descuidando el aporte de los sentidos. Solo cree verdadero aquello que puede conceptualizar.
2. El subjetivismo: Sobre valora la acción del sujeto que se convierte en la fuente del conocimiento.

EL EMPIRISMO

La reacción al «racionalismo dogmático»

Los filósofos ingleses criticaron el racionalismo de Descartes y sus seguidores, lo llamaban —con razón— *racionalismo dogmático*, porque partían de la razón y la aceptaban como si se tratase de un dogma. Lo que nunca se preguntaron los filósofos racionalistas es qué era la razón misma y cuál era su funcionamiento, de qué manera elaboraba las ideas. Es esto lo que estudiarán los filósofos ingleses, aunque no por ello salen de la mentalidad racionalista, que caracteriza a la filosofía moderna. Pretendían encontrar la verdad analizando en primer lugar la razón. Por eso examinan en primer lugar cómo elabora la razón los contenidos y cuáles son los elementos de los que parte.

Para ellos la razón no era un depósito de ideas y principios de los cuales partir para investigar la realidad, sino una máquina cuyo mecanismo debe conocerse para descubrir el origen de las cosas reales.

John Locke (1632-1704)

El primer filósofo de importancia dentro de esa corriente fue **John Locke**. De un modo semejante al de Descartes, saturado de la enseñanza complejísima y dogmática que recibió en Oxford, Locke busca la sencillez y claridad de una verdad inmediata y de un método seguro y simple para llegar hasta ella.

El carácter práctico de los británicos, inclinado a las cosas concretas, inspira el pensamiento de Locke, quien desconfía del método de Descartes, porque parte de la existencia en nuestro espíritu de ideas innatas, que nacen con el mismo espíritu y vienen con nosotros, como la idea de Dios o las ideas matemáticas.

Comienza afirmando que no tenemos en nuestro interior tales ideas, sino que nuestra alma al venir al mundo es como una hoja en blanco o una tabla lisa, en las cuales por medio de los sentidos van a incorporarse las ideas. Según Locke todo lo que sabemos lo hemos aprendido de la realidad por medio de la experiencia. Desde nuestro nacimiento nuestros sentidos comienzan a captar la realidad exterior y a grabarla en nuestro interior.

Esta idea está basada en la sentencia de los escolásticos aristotélicos-tomistas que decían: *nihil est in intellectu quod prills non fuerit in sensu* (nada hay en el intelecto que no haya estado antes en el sentido). Si no son admisibles las ideas innatas, entonces todo lo que sabemos es adquirido.

Cuando Descartes habla de *idea* se refiere a los conceptos universales, abstractos; pero Locke cuando habla de idea se refiere a todo lo que el sujeto piensa, recuerda, imagina, etc., es decir todo el contenido de su conciencia.

Si adquirimos ideas por medio de la experiencia y de ella procede todo nuestro conocimiento —empirismo—, las experiencias pueden ser de dos clases:

1. **Sensación.** La percepción de la realidad exterior mediante los sentidos.

2. **Reflexión.** La percepción de nuestra realidad interior proveniente de nuestras operaciones mentales: pensamientos, creencias, etc.

Por consiguiente, sensación y reflexión son las dos fuentes de donde brota nuestra experiencia o, lo que es lo mismo, los dos caminos por los que entra en nuestro espíritu todo conocimiento.

Distingue Locke dos clases de ideas:

1. **Las simples:** son las adquiridas por un sentido, por varios, o por la reflexión; en cualquier caso, lo que las caracteriza es que el sujeto las ha recibido pasivamente.

2. **Las compuestas:** son aquellas que el sujeto ha construido mediante la asociación de varias ideas simples, dando lugar a ideas complejas a la que se llega en virtud de una actividad consciente del sujeto. Aún las ideas imaginarias se componen

de simples: La sirena es la conjunción de una mujer con un pez, dos ideas simples que generan una compuesta.

En consecuencia, toda idea compuesta es susceptible de analizarse y descomponerse en las varias simples que la integran, y que son, en definitiva, los últimos elementos constitutivos de nuestro conocimiento. Y como esas ideas simples han sido adquiridas por la sensación y la reflexión, hay que afirmar: todo conocimiento procede en último término de la experiencia en cualquiera de sus dos manifestaciones.

Berkeley y Hume

La segunda gran figura de la filosofía inglesa de la experiencia es el obispo anglicano **George Berkeley** (1685-1753), quien, partiendo de las últimas conclusiones alcanzadas por Locke, extrae de las mismas todas las ideas en ella implícitas, llegando así a un marcado idealismo.

Berkeley se enfrenta a Locke para poner en duda la existencia de las cosas. Sostiene que existen en la medida que las percibimos, pero cuando las dejamos de percibir dejan de existir: *Ser es ser percibido.* Si yo percibo un balde ese balde existe, pero cuando le doy la espalda y dejo de percibirlo deja de existir, aunque en realidad sigue existiendo porque Dios lo sigue percibiendo en su omnisciencia.

De esto deduce que la materia no existe, es Dios quien coloca en nuestra mente la idea de las cosas y por eso las percibimos. Esto es el idealismo extremo donde el sujeto es el que da entidad a las cosas.

Todavía se va a dar un paso más en este análisis demoledor de los empiristas británicos. El filósofo escocés **David Hume** (1711-1776), llega a poner en duda la relación entre causa y el efecto, afirmando que no existe un vínculo real. Percibimos una sucesión de fenómenos pero no podemos afirmar que estén encadenados. Por ejemplo: Si tomamos madera y la quemamos obtenemos ceniza. Hume dice que lo único que podemos afirmar es que estamos ante una sucesión de fenómenos (madera, fuego en la madera, ceniza) pero que no podemos afirmar que tengan conexión de causa y efecto uno con otro. El concepto de causa es una asociación que realizamos psicológicamente, por lo cual es subjetivo hablar de causalidad. Por acostumbramiento cuando vemos la madera y el fuego inmediatamente aparece la representación de la ceniza.

Hume es un ateo escéptico para el cual la verdad es inalcanzable para la razón. Si la realidad queda disgregada en fenómenos aislados sin conexión alguna no tienen sentido ni la ciencia ni la filosofía. Por lo tanto el racionalismo llegó con Hume a un callejón sin salida. Se necesitó que **Kant** replanteara el panorama filosófico.

> **Hume: El hombre**
> El ideal romántico presenta siempre al filósofo ensimismado en sus reflexiones, apartado del mundo y sumido en las elucubraciones de su mente y el estudio de viejos libros. Sin embargo hay filósofos que logran unir la destreza académica con una vida plena de placeres. Es el caso del inglés David Hume.
> En cierta ocasión un editor le pidió que escriba un nuevo texto de filosofía. Hume era un filósofo consagrado, por lo que cualquier escrito suyo tenía el éxito asegurado. Sin embargo su respuesta fue muy poco ortodoxa: «Lamentablemente no puedo embarcarme en ninguna nueva publicación: estoy demasiado viejo, demasiado gordo, demasiado rico y, sobre todo, demasiado perezoso como para hacerlo».
> Cultivó una envidiable vida social: sus amigos lo apreciaban por su fidelidad y su alegría. Cuando le preguntaban como hacía para conjugar su actividad académica con la vida en sociedad, él respondía con su máxima preferida: «Soy filósofo. Pero aunque esté inmerso en mi filosofía, intento continuar siendo un hombre».

EL SISTEMA KANTIANO

Emmanuel Kant (1724-1804)

Con Emmanuel Kant culmina la filosofía racionalista moderna que se había iniciado con Descartes. Kant nació en Königsberg, y murió en la misma ciudad. Durante su vida nunca salió de Prusia oriental, su patria. Era un hombre ordenado y sedentario, una mente profunda e infatigable. En Kant se reúnen las dos corrientes de la filosofía moderna, la cartesiana y la empirista inglesa.

> **Interpretando a Kant**
> Pese a ser un eximio pensador, Kant tenía una letra ilegible. Por ello había solicitado a un alumno que pasara en limpio los manuscritos de un nuevo libro suyo con el propósito de entregarlo a la imprenta en mejores condiciones.

Cuando el alumno estaba copiando el texto encontró una frase que carecía de sentido. Al consultar a Kant este le dijo que probablemente cuando la había escrito tenía un significado, pero que ahora era incapaz de explicarlo.

—Entonces habrá que omitir la frase —le dijo su alumno.

—De ninguna manera —contestó Kant— algún filósofo ya se encargará de encontrarle sentido.

El eclecticismo de Kant

Emmanuel Kant se enfrentó con dos propuestas de conocimiento:

Racionalismo	Empirismo
• Todo conocimiento proviene de la deducción lógica racional.	• Todo conocimiento proviene de la experencia.
• Las ideas innatas son la única base segura del saber.	• No hay ideas innatas.

Kant analizó el tema de forma inversa a los racionalistas y los empiristas: Partió de la existencia objetiva de la ciencia. Si la ciencia existe y tiene innegable validez ¿sobre qué base se asienta? Por este camino terminó por unir ambas corrientes señalando que el conocimiento es la síntesis entre los conceptos y la experiencia. Sin los sentidos no tendríamos conciencia de ningún objeto, pero sin el entendimiento no podríamos formarnos conceptos del objeto.

Para Kant el conocimiento es el fruto de la síntesis entre **conceptos** (o ideas), según lo explicaban los racionalistas, y **experiencias**, de acuerdo a la explicación de los empiristas. Definió el conocimiento con dos términos:

1. **A priori:** Lo que proviene puramente del razonamiento y es independiente de la experiencia.

2. **A posteriori:** Lo que proviene de la experiencia.

Las obras fundamentales de Kant son tres:

1. **Crítica de la razón pura** en la que trata de la razón, sus alcances, limitaciones y los aportes que puede hacer al conocimiento.

2. Crítica de la razón práctica trata sobre la aplicación de la razón al problema concreto de la conducta humana: la ética.

3. Crítica del juicio se ocupa de la estética desde el punto de vista de la razón.

Kant produce la revolución del criticismo. La razón, el órgano de entendimiento, no fue analizada por los filósofos que lo antecedieron porque ellos aceptaron dogmáticamente su infalibilidad. Con sus Críticas pone en crisis el dogma de sus antecesores

Para Kant el conocimiento se adquiere al sumar pensamiento puro con experiencias sensoriales. Hay una interacción de lo sensorial con la comprensión, pero para Kant la cosa en sí no tiene existencia real, solo existe la cosa percibida, porque toda percepción tiene que pasar por el filtro mental del receptor. De esta forma lleva a su apogeo la tendencia antropocentrista, opuesta al teocentrismo medieval. En la razón humana halla el secreto del ser y el conocer. Por lo tanto busca en la razón el origen de la moralidad y convierte a dios en un simple auxiliar de la ética, que pierde así todo sentido sobrenatural.

Centrado en la razón Kant sostiene que todo conocimiento religioso es imposible. Dejaba así abierta la puerta para una batalla entre ciencia y fe que se prolongó hasta el siglo XX.

Capítulo 10:
La existencia de Dios y el problema moral
EL RACIONALISMO CARTESIANO Y DIOS

Pienso, por lo tanto existo, decía Renato Descartes y a través de la duda metódica adquiere la única certeza de su existencia.

Pero ¿qué es lo que existe? No es su cuerpo, de cuya existencia está dudando, sino el *yo*, el alma, que contiene su pensar y la certidumbre de su existencia. Descartes se define como un ser pensante. También tiene cuerpo, pasiones, pero eso es solo accidental, no esencial. Es el pensamiento el que determina la existencia.

En el *Discurso del método* sostiene:

> Luego, al examinar con atención lo que era yo, y viendo que podía imaginar que no tenía cuerpo, ni estaba en parte alguna del mundo o del espacio, pero que no podía concebir mi no existencia, pues, por el contrario, el hecho mismo de pensar y dudar de la verdad de todas las cosas demostraba de un modo evidentísimo y claro que yo existía; mientras que con solo dejar de pensar, aunque todo lo demás hubiese tenido existencia real, desaparecían las razones para creer en mi propia existencia; deduje de ello que yo era una sustancia cuya naturaleza o esencia es el pensamiento mismo y que para ser no necesita ningún lugar ni depende de ninguna cosa material; de modo que este yo —o sea el alma— por el cual soy lo que soy es enteramente distinto del cuerpo y hasta más fácil de conocer que él, pues aunque el cuerpo no existiese el alma seguiría siendo lo que es.

Como es evidente ha separado de tal forma el alma del cuerpo que ha caído en el dualismo.

Pero el principal problema que tiene Descartes es relacionar su ser con la realidad objetiva. ¿No podría ser engañado por un genio maligno y aceptar como certeza lo que no es cierto? Necesita que alguien garantice su verdad, la proteja y le permita salir de su soledad y vincularse con el mundo real. Dios le resulta necesario, por lo tanto busca argumentar sobre su existencia. Desarrolla los siguientes argumentos:

1. Yo encuentro en mí la idea de Dios: Un ser perfecto, infinito, omnipotente, siendo yo imperfecto, finito y débil. Por lo tanto no puede existir la idea de Dios en mí sino porque **él puso esa idea, por lo tanto Dios existe.**
2. Si Dios existe y es perfecto tiene que ser absolutamente bueno, por lo tanto garantiza que todas las verdades a las que arribo por medio de la razón pura no sean engañosas.

Por lo tanto **solo con la garantía de Dios puedo conocer con seguridad la existencia del mundo.**

El dios que Descartes crea a través de la razón no es el de la revelación que se muestra a sí mismo al hombre y le hace conocer su voluntad. No es el Dios de Abraham, Isaac y Jacob o el Padre de nuestro Señor Jesucristo. Es el dios de la filosofía, fruto de la especulación humana y una hipótesis necesaria para creer en la realidad.

EL EMPIRISMO Y DIOS

John Locke y su idea de Dios

John Locke parte de tres principios:
1. **No hay ideas innatas.** Todo nuestro conocimiento nace de la experiencia y deriva de ella.
2. **El alma es una tabla rasa.** No trae nada *a priori* y solamente la experiencia puede escribir el conocimiento.
3. Nada hay en el intelecto que no haya pasado antes por los sentidos.

Sin embargo admite la existencia de Dios y trata de conciliar la fe con la razón. Pero rechaza todas las ideas religiosas vigentes y quiere fundar una religión que sea aceptada por el *sentido común*.

Locke admite la necesidad de una religión natural y racional, y cree que Dios es el principio racional supremo que:
1. Creó el mundo y sus leyes inmutables.
2. Se desentendió del mundo y dejó que funcionara de acuerdo a esas leyes inmutables.

Esta forma de pensar acerca de Dios se conoce con el nombre de *deísmo*. Los deístas presentan a su dios como si fuera un monarca constitucional: no ejerce la soberanía, sus leyes funcionan por sí solas y no puede —ni quiere— intervenir en el desarrollo de lo que ha creado. Desde esta óptica no pueden existir milagros, ni fenómenos sobrenaturales puesto que estos implicarían que Dios interviene en la realidad cotidiana.

George Berkeley y su idea de Dios

Berkeley cree que las cosas solo existen si son percibidas por el sujeto, por lo tanto la materia no existe en sí misma. Lo expresa en la frase *Ser es ser percibido*.

A esto se le llama *idealismo psicológico*, según el cual la existencia de los sujetos pensantes es la que hace existir todo lo demás. Todo lo existente es una representación del sujeto que lo piensa.

De acuerdo al pensamiento de Berkeley, el espíritu ha creado al mundo, por lo tanto Dios existe. Según este punto de vista pueden suceder dos cosas:

1. O bien **Dios ha creado al mundo** y entonces el mundo existe realmente fuera de nosotros: *Idealismo objetivo adoptado por la teología*.

2. O bien **Dios ha creado una ilusión del mundo** dándonos ideas que no corresponden a nada objetivo: *Idealismo subjetivo o inmaterialista por el cual Berkeley piensa que el espíritu es una realidad, porque la materia es creada por el Espíritu*.

Según **Berkeley** nuestro espíritu sería incapaz de crear por sí mismo las ideas, por lo que necesitamos creer en la existencia de Dios que es quien coloca las ideas en nosotros.

David Hume y su idea de Dios

Hume piensa que no se justifica creer en un mundo ajeno al sujeto pensante. La única realidad son los contenidos de conciencia del *yo*: La pizarra, el florero y el edificio que me parecen que existen son solo la impresión que tengo en mi conciencia.

Profundizando este pensamiento llega a negar el valor de la causa, según la cual los sucesos se relacionan encadenadamente, porque no se puede experimentar el vínculo entre causa y efecto, no admite que exista una causa primera, por lo tanto es escéptico en cuanto a la existencia de Dios.

Cae en el agnosticismo al afirmar que no podemos conocerlo. Considera sin validez las pruebas de la existencia de Dios, los milagros y la inmortalidad del alma.

Tuvo que resolver el problema moral: cómo debemos vivir. Sin el auxilio de Dios, Hume afirmó que el hombre debe guiarse por:

1. Su más íntimo instinto.
2. El ordinario obrar de sus semejantes.

Con esto estaba separando la moral de la razón.

KANT Y EL PROBLEMA MORAL

Para Kant los argumentos metafísicos tradicionales acerca de Dios, la inmortalidad, el libre albedrío o el alma están más allá de la razón. Se planteó entonces el problema moral. Dios había sido hasta entonces quien con su autoridad determinaba lo bueno y lo malo, pero si Dios estaba más allá de la razón, ¿cómo determinamos lo que debemos hacer y lo que no debemos hacer? ¿Cómo debe ser la conducta humana? Como consecuencia de estos interrogantes intenta elaborar una **ética universal** y desecha todas las **éticas materiales**.

Kant llama éticas materiales a aquellas en las que la bondad o maldad se ajustan a un bien supremo último. Por ejemplo, para Aristóteles había que hacer el bien para alcanzar la felicidad, que es el bien supremo último. Para algunos cristianos de la época había que hacer el bien para alcanzar el cielo, que es el bien supremo último. Kant desecha este tipo de éticas por varias razones:

1. Porque son empíricas, provienen de la experiencia y no están sacadas de principios universales.
2. Como estas éticas son condicionales no tienen validez en el caso de que no se acepte el bien último. Si no me interesa ir al cielo no practico el bien.

3. No dejan al sujeto tener autonomía, es decir no permite al sujeto determinar por sí mismo la ley que lo regirá. La ley llega desde afuera y el individuo no crea su propio comportamiento.

Kant quiere alcanzar una ética que:
1. Provenga de la razón y no de la experiencia (ética *a priori*).
2. Sea categórica: los actos deben realizarse no movidos por una causa particular, sino independiente de ella.
3. Sea autónoma: el individuo determine su propia conducta sin que se le impongan principios externos.

Cuando Kant se plantea el problema moral en su *Crítica de la razón práctica* sostiene: «*Dos cosas llenan el ánimo de admiración y veneración, siempre nuevas y crecientes, puesto que con la mayor frecuencia y aplicación se ocupa de ellas la reflexión: el cielo estrellado sobre mí y la ley moral en mí*».

El cielo estrellado evidencia la pequeñez humana, pero la ley moral, que nos permite el ejercicio de la libertad, es la que marca nuestra superioridad sobre todas las cosas.

Para Kant el deber es muy importante, porque es lo que caracteriza al hombre. Define al deber como la necesidad de una acción por respeto a la ley y considera que únicamente las acciones dictadas por el deber tienen validez moral. Para esto distingue tres tipos de acciones:
1. Las que se hacen naturalmente conforme al deber.
2. Las que son contrarias al deber.
3. Las que se hacen por el deber.

De las tres solamente la última tiene valor moral, ya que la acción no se realiza pensando en los resultados, sino que consiste en ejercitar la voluntad sujeta a la razón sin considerar la conveniencia del accionar.

Por lo tanto propondrá una moral que se rija por el rigor del pensamiento. No determina que cosas están bien o están mal, sino que elabora un imperativo categórico:

La racionalidad con que encaró *obra de tal manera que la máxima que determina tu comportamiento pueda ser aceptada como ley universal*. El imperativo categórico lo llevó a afirmar que nunca sería correcto mentir. Según Kant sería un delito responder con una falsedad a un asesino que nos preguntara si nuestro amigo se refugió en nuestra casa.

Kant y los problemas metafísicos

En la *Crítica de la razón práctica*, Kant habla de lo que él llamó postulados de la razón práctica. Un postulado es un principio o un supuesto indemostrable, pero imprescindible para explicar algo. Presenta, entonces tres postulados imprescindibles:

- **Libertad.** Hay que admitirla como necesaria. Si no existiera la libertad, el hombre no podría ejercitar la voluntad y cumplir el deber, por lo tanto no existiría la acción moral.
- **Inmortalidad del alma.** Hay que admitirla como necesaria, aunque sea indemostrable. El imperativo moral debe ser cumplido con la realización del bien que no tenga término, cosa inalcanzable en la tierra, donde todo tiene límites. Por lo tanto debe pensarse que el bien supremo se realizará en otra vida, lo que presupone la inmortalidad.
- **Existencia de Dios.** Es necesario admitirla porque necesitamos de un ser que pueda unir la moralidad perfecta y la felicidad suprema, inalcanzable para el hombre.

Estos postulados no son demostrables racional ni empíricamente: son una manifestación de fe necesaria porque de otra forma no podría ejercerse la razón práctica.

Humanismo, muerte y poesía

En poco tiempo la irrupción del humanismo logró cambiar el centro cultural de occidente. El pasaje del teocentrismo al antropocentrismo impulsó el pensamiento autónomo y arrancó del letargo intelectual a los hombres de letras de fines de la Edad Media.

Sin embargo algunos comprendieron que la idealización del hombre tenía un límite: la decrepitud de la vejez, umbral de la muerte. El poeta español Garcilaso de la Vega (1503-1536) intuyó esta terrible realidad y la plasmó en uno de sus más famosos sonetos:

> En tanto que de rosa y azucena
> Se muestra la color en vuestro gesto,
> Y que vuestro mirar ardiente, honesto,
> Enciende el corazón y lo refrena;
>
> Y en tanto que el cabello, que en la vena
> Del oro se escogió, con vuelo presto

La aventura del pensamiento

Por el hermoso cuello blanco, enhiesto,
El viento mueve, esparce y desordena;
Coged de vuestra alegre primavera
El dulce fruto, antes que el tiempo airado
Cubra de nieve la hermosa cumbre.

Marchitará la rosa el viento helado,
Todo lo mudará la edad ligera,
Por no hacer mudanza en su costumbre.

Capítulo 11: Hegel y Kierkegaard
EL IDEALISMO ALEMÁN

Los seguidores de Kant se inclinaron por el racionalismo extremo. Pusieron el énfasis en el sujeto y consideraron inexistentes las cosas en sí. De esta forma le concedieron al espíritu no solo la función de informar sobre una materia ajena a él, sino la de crear conocimiento en toda su extensión. Desembocaron en un **idealismo absoluto**, hicieron desaparecer el mundo real y establecieron el principio de que lo único existente es la idea, por lo tanto eso que llamamos *realidad* es una creación del espíritu. El mundo pasó a ser un *yo absoluto* y el principal objeto de investigación.

Este giro hacia el idealismo absoluto fue impulsado por **Juan Teófilo Fichte** (1762-1814) quien declaró que Kant debía ser interpretado en forma idealista. Fichte estaba influenciado por las ideas de libertad proclamadas por la Revolución Francesa que pregonaba la supremacía del hombre, concepto que introdujo como un absoluto en el campo filosófico.

JORGE GUILLERMO FEDERICO HEGEL
(1770-1851)

Hegel es el más grande de los idealistas alemanes. Sus escritos son muy difíciles de entender. Estudió filosofía y teología en Tubinga y toda su vida se dedicó a la enseñanza. Entre sus obras más importantes están *Fenomenología del espíritu, Filosofía del derecho, Ciencia de la lógica* y *Enciclopedia de las ciencias filosóficas*. Su filosofía dominó la primera mitad del siglo XIX. Fue influenciado por Kant, el idealismo absoluto, el cristianismo y el romanticismo alemán.

Hegel era monista, por lo que consideraba que existía una sola sustancia, y creía en una totalidad única a la que consideraba el **Espíritu Absoluto**. Siguiendo con la corriente que lo precedió pensaba que las cosas en sí no existen. Pero para Hegel todo estaba conectado y se revertía en una realidad última que era la Idea Absoluta o Espíritu Absoluto, por eso sostenía que *la verdad es la totalidad*.

Comprendiendo a Hegel

Incluso en la actualidad y pese a la multitud de interpretaciones de su obra, las teorías de Hegel continúan siendo difíciles de comprender. A su genio filosófico no se le pasó por alto este detalle:

Cuenta la historia que en su lecho de muerte fue visitado por su discípulo predilecto. Al verlo dijo:

—Este hombre el único que ha logrado comprender mis teorías.

Su discípulo sonrió satisfecho, ante lo cual Hegel agregó lacónicamente:

—Pero no del todo.

La dialéctica

Hegel no veía al mundo como un organismo gigantesco, sino como un proceso dinámico. La idea está en un continuo devenir y para llegar al Absoluto o a la Verdad Última hay que seguir el método dialéctico.

La dialéctica hegeliana consta de tres partes: **Tesis, Antítesis** y **Síntesis**. En la **Tesis** se afirma una idea. Esta tesis genera inmediatamente una idea que se le opone: la **Antítesis**. En la **Síntesis** se resuelve la contradicción. Pero el proceso no finaliza porque la Síntesis se transforma en una **Tesis** que enfrentará a una nueva **Antítesis** y así sucesivamente, de la siguiente forma:

Al avanzar en este proceso cada Síntesis supera la Tesis anterior, por lo cual la idea va avanzando y a través de este proceso llegaríamos a una Síntesis final que sería la **Idea Absoluta**, es decir la idea como unidad de la Idea Objetiva y la Idea Subjetiva.

Hegel aplicó este método a la historia. Por ejemplo:

Tesis: El paganismo precristiano
Antítesis: El cristianismo
Síntesis: La Edad Media

Hegel concibe a la historia como la marcha de la razón en el mundo, y a las instituciones como el resultado de ese devenir. Como buen nacionalista exaltó al estado prusiano como la más alta expresión del Espíritu Absoluto.

Con el pensamiento de Hegel el racionalismo llegó a su culminación. Para él la realidad y la historia carecían de misterio, partiendo del presente podía deducir el pasado y también anticipar el futuro.

Sin embargo, como todo monismo, tuvo dificultades para explicar el valor de la persona individual, la libertad del hombre, la existencia de la realidad exterior de la naturaleza, etc.

SÖREN KIERKEGAARD
(1813-1855)

Kierkegaard nació en Copenhague en el seno de una familia protestante acomodada y estudió teología cumpliendo el mandato familiar. Era un hombre muy angustiado a quién la lectura de Hegel produjo una profunda reacción porque veía en su filosofía un gran andamiaje intelectual que no tenía en cuenta al hombre individual y su problemática. Como Job, el patriarca bíblico, Kierkegaard no se satisfacía con las explicaciones teóricas de sus amigos sobre la razón del sufrimiento y se preguntaba desde la individualidad: ¿*por qué* **yo** *sufro?*

En 1841, en medio de una crisis existencial, rompió su compromiso matrimonial con Regina Olsen, un hecho traumático que motivó varios de sus escritos. Desde ese tiempo y hasta su muerte se dedicó por entero a publicar sus ideas y reflexionar sobre la realidad.

Entre sus obras se cuentan *El concepto de la angustia, Temor y temblor, El diario de un seductor, La enfermedad mortal.*

Kierkegaard y Hegel

Para Kierkegaard la filosofía hegeliana era como una monumental e impresionante estructura que no servía para explicar su drama personal. Su dolor no cabía en ningún tratado filosófico y el dios de los racionalistas no podía auxiliarlo en su angustia.

Sus escritos rescatan la visión bíblica de Dios. Sostiene:

«*Dios no es una idea que se demuestra, es un Ser en relación al cual se vive. No se debe intentar demostrar esa existencia, pues, si es una blasfemia negar a Dios, peor blasfemia es todavía venir a demostrar su existencia en las narices*».

Se opuso a la iglesia oficial danesa por su falso concepto de lo que significaba ser cristiano, se revelaba contra el concepto de *cristiandad* porque era una generalización que alcanzaba a toda la sociedad y un esfuerzo por racionalizar al cristianismo: «*Hacer al cristianismo verosímil: He aquí la destrucción del cristianismo*». Estaba en contra de la religión, sosteniendo que «*La religión es el escándalo de la razón*».

Su filosofía es **asistemática** y se revela contra las estructuras filosóficas que, al ser necesariamente universales, descuidan al individuo e ignoran su problemática transformándose en caminos inviables para responder a los interrogantes reales.

Opuesto al extremo idealismo hegeliano, enfatizó al hombre real y, por ese motivo, se le reconoce como el padre del **existencialismo**.

La conquista de la interioridad

Sören Kierkegaard tuvo que explicar cómo el sujeto en su actividad radicalmente individual llega a ser un individuo responsable. Para ello distingue en el hombre varias etapas sucesivas que lo llevan a conquistar su interioridad: existencia estética, existencia ética y existencia religiosa.

1. **Existencia estética.** Está tipificada en **Don Juan**. El individuo explora el mundo del ingenio y la sensualidad: se afana por el placer. Pero cae en la concupiscencia y el aburrimiento. Es una búsqueda superficial en la que el amor no es auténtico y el sujeto sigue las modas hasta que sobreviene la crisis que produce **dolor** y **desesperación**. La falta de respuesta lo impulsa a profundizar sobre su interioridad y pasa a la segunda etapa.

2. **Existencia ética.** Está tipificada por **Sócrates**. En este estado el individuo sigue el camino del deber. Concibe su existencia como un llamado a cumplir un objetivo determinado. Pero cae en una rigidez legalista mediocre, donde es regulado por leyes y reglamentos. Esa rigidez —como en el caso de Kant— lo

lleva a no contemplar excepciones. Confrontado con la necesidad del cumplimiento permanente del deber y frente a sus propias falencias, aparecer la **angustia**, que le permite pasar a la tercera etapa.

3. **Existencia religiosa.** Esta es la conquista de la interioridad. El sujeto renuncia a querer demostrar la existencia de Dios por métodos racionales o bíblicos. El sufrimiento y el pecado lo sumen en la angustia de sentir que puede perderse, pero a la vez le abren el camino hacia la fe, que es un salto hacia Dios y Jesucristo.

Kierkegaard presenta a la fe como un acto ciego de confianza en Dios que pasa por encima de toda racionalidad. No pretende entender a Dios ni a Jesucristo, sino vivirlos. Por el camino de la desesperación llega a la tranquilidad y seguridad de la fe.

El reconocimiento de Kierkegaard

Kierkegaard murió el 11 de noviembre de 1885 y aunque estaba separado de la iglesia luterana a la que había enjuiciado duramente, su hermano, que era pastor, realizó un servicio religioso que las autoridades eclesiásticas toleraron en silencio. Su pensamiento cayó entonces en un cono de sombras hasta comienzos del siglo XX, donde es redescubierto y se le otorga el reconocimiento que merece.

Kierkegaard destruyó el mito del racionalismo y el idealismo dando relevancia al hombre singular. Para él la filosofía formalista tenía muy poco valor: eran sistemas vacíos de contenido. El individuo y su existencia, rica y singular, era lo realmente valioso. Su enfoque fue retomado posteriormente por los existencialistas que lo reconocerán como el padre de la nueva corriente.

Pero el filósofo danés produce también un viraje al pensamiento filosófico anterior sobre Dios. Al impersonal y silencioso dios de los filósofos opone el personal y comunicativo Dios de Abraham, Isaac y Jacob. Al dios que es solamente idea le contrapone el Dios que es Ser en sí mismo, el Dios de la Biblia que proclama: «**Yo soy el que soy**».

Su enfrentamiento, por lo tanto, fue doble: con las corrientes filosóficas y también con la denominada cristiandad, a la que cuestionó su superficialidad. Esta crítica al cristianismo formal fue interpretada en algunos casos como una actitud anticristiana. En *Mi punto de vista*, para evitar confusiones, hace la defensa de su enfoque y dice:

El contenido de este pequeño libro afirma, pues, lo que realmente signifíco como escritor: que soy y he sido un escritor religioso, que la totalidad de mi trabajo como escritor se relaciona con el cristianismo, con el problema de «llegar a ser cristiano», con una polémica directa o indirecta contra la monstruosa ilusión de eso que llamamos cristiandad, o contra la ilusión de que en un país como el nuestro todos somos cristianos.

Kierkegaard

Aunque Kierkegaard es poco reconocido dentro al entorno cristiano, sus textos son algunos de los escritos más importantes y profundos que ha dado el cristianismo a lo largo de la modernidad.

La historia que se esconde detrás de este hombre apasionado e inteligente es sorprendente:

Delgado, con una giba y las piernas torcidas, Kierkagaard era un personaje célebre dentro de la sociedad danesa. Pese a su aspecto, todos lo consideraban un *dandi* frívolo y superficial. Sin embargo logró sorprender a todo Copenhague al publicar su primer libro *O lo uno o lo otro* (1843), donde revelaba la profundidad de su pensamiento.

Muy pronto se convirtió en un polémico joven intelectual al que todo el mundo comenzaba a respetar. Sin embargo no pudo disfrutar de su fama durante mucho tiempo: a causa de un altercado que tuvo con su director, el periódico independiente *El Corsario* comenzó a caricaturizarlo haciéndolo blanco de todas sus bromas. Muy pronto su desafortunado aspecto fue el cometario de toda la comunidad.

Pero Kierkegaard tenía además sus propias luchas internas: desde muy pequeño se había creído víctima de una maldición. Sus hermanos habían muerto siendo jóvenes y el consideraba que correría la misma suerte. Incluso su apellido parecía confirmar estas sospechas: Kierkegaard quiere decir, en danés, *cementerio*.

Vivió durante muchos años con la certeza de que no llegaría con vida a los treinta y tres años. Tanto lo afectó este hecho que a los veinticinco años publicó un escrito titulado *Papeles de un hombre todavía en vida*.

Quizás parezca extraño que con estas características haya escrito páginas tan profundas sobre la cosmovisión cristiana. Pero Dios tenía un propósito para su vida, y Kierkegaard supo llevarlo adelante con dignidad, pasión y talento.

DE *TEMOR Y TEMBLOR* DE SÖREN KIERKEGAARD, FRAGMENTO DEL CAPÍTULO «ELOGIO DE ABRAHAM»

Leemos en las Escrituras: «Y Dios puso a prueba a Abraham y le dijo: Abraham, Abraham, ¿dónde estás?» Y Abraham le respondió: «Aquí estoy» ¿Has hecho otro tanto tú, a quien se dirige mi discurso? ¿No has clamado a las montañas «¡ocultadme!» y a las rocas «sepultadme» cuando viste llegar desde lejos los golpes de la suerte? O bien, si tuviese más fortaleza, ¿no se adelantó tu pie con lentitud suma por la buena senda? ¿No suspiraste por los antiguos senderos? Y cuando el llamado resonó, ¿guardaste silencio o respondiste muy quedo, quizás con un murmullo? Abraham no respondió así; con valor y júbilo, lleno de confianza y a plena voz exclamó: «¡Aquí estoy!» Leemos todavía: «Y Abraham se levantó muy temprano». Se vistió como para una fiesta, y muy de madrugada se dirigió al paraje designado, sobre la montaña de Moria. No dijo nada a Sara ni a Eliezer: por otra parte, ¿quién podría comprenderlo? ¿Y acaso la tentación misma, por su propia naturaleza, no le había impuesto el voto del silencio? «Partió la leña, sujetó a Isaac, encendió la pira y sacó el cuchillo».

¡Mi amado oyente! Muchos padres han creído perder con sus hijos su más preciado tesoro en el mundo y toda esperanza para el porvenir; pero ninguno de los hijos ha sido el hijo de la promesa en el sentido en que Isaac lo fue para Abraham. Muchos padres han perdido a sus hijos; pero fue la mano de Dios, la inmutable e insondable voluntad del Todopoderoso, la que se lo arrebató. Muy otro es el caso de Abraham. Una prueba más dura le estaba reservada; y la suerte de Isaac dependió del brazo de Abraham que sostenía el cuchillo. ¡Ésa era la situación del anciano frente a su única esperanza! Pero no dudó; no miró angustiosamente a derecha e izquierda, no fatigó al cielo con sus súplicas. Sabía que el Todopoderoso lo estaba probando y que ese sacrificio era el más duro de los que podía exigirle; pero sabía también que ningún sacrificio es demasiado duro cuando Dios ordena, y sacó el cuchillo.

¿Quién dio vigor al brazo de Abraham? ¿Quién mantuvo su diestra levantada impidiéndole caer de nuevo, impotente? El espectador de esta escena se siente paralizado. ¿Quién dio fortaleza al alma de Abraham y le impidió cegarse al punto de no ver ni a Isaac ni al cordero? El espectador de esta escena se siente ciego. Y, sin embargo, raro es el hombre que se queda paralizado y enceguecido, y más raro aún el hombre que relata dignamente lo sucedido. Todos nosotros lo sabemos: solo era una prueba.

Si sobre la montaña de Moria Abraham hubiera dudado, si irresoluto hubiese mirado a su alrededor; si mientras sacaba el cuchillo hubiese visto por azar el cordero, si Dios le hubiese permitido sacrificarlo en lugar de Isaac, entonces habría vuelto a su casa y todo habría quedado como antes; habría tenido a Sara junto a él, habría conservado a Isaac; y, sin embargo, ¡qué cambio! Su vuelta hubiera sido una huida, su salvación un azar, su recompensa una confusión, y su futuro quizá la perdición. No habría dado testimonio ni de su fe ni de la gracia de Dios, pero habría mostrado cuán terrible es ascender a la montaña de Moria. A Abraham no se lo habría olvidado, como tampoco a la montaña de Moria. Se la habría citado no como al Ararat donde se detuvo el arca, sino como lugar de espanto: «Allí fue —se habría dicho— donde Abraham dudó».

¡Abraham! ¡Padre venerable! No fue menester un panegírico para consolarte de una pérdida al volver de Moria a tu casa; ¿no lo habías ganado todo y conservado a Isaac? En adelante el Señor no te lo exigió ya más, y se te vio en tu morada, sentado jubilosamente a la mesa con tu hijo, como allá arriba para toda la eternidad. ¡Abraham! ¡Padre venerable! Millares de años han corrido desde entonces, pero no te es necesario un tardío admirador para arrancar por su amor tu memoria a las potencias del olvido, porque todas las lenguas te recuerdan. Y, sin embargo, tú recompensas a quien te ama con mayor magnificencia que nadie; allá arriba, lo haces feliz en tu seno, y acá abajo cautivas su mirada y su corazón con el prodigio de tu acción. ¡Abraham! ¡Padre venerable! ¡Padre segundo del género humano! Tú que fuiste el primero en sentir y manifestar esa pasión prodigiosa que desdeña la lucha terrible contra los elementos enfurecidos y contra las fuerzas de la creación para combatir con Dios, tú que has sido el primero en sentir esa pasión sublime, expresión sagrada, pura y humilde del divino frenesí, tú que has sido la admiración de los paganos, perdona a quien ha intentado cantar en tu alabanza, si no ha cumplido bien su empeño. Ha hablado humildemente, según el deseo de su corazón; ha hablado con brevedad, como convenía; pero jamás olvidará que te fueron necesarios cien años para recibir, contra toda esperanza, el hijo de la vejez, y que debiste sacar el cuchillo para conservar a Isaac; tampoco olvidará nunca que a los ciento treinta años no habías ido más allá de la fe.

La aventura del pensamiento

Capítulo 12:
El materialismo: Feuerbach, Marx y Engel

BASES DEL MATERIALISMO

La filosofía de Hegel intentó desarrollarse en dos direcciones: La **derecha hegeliana** que quiso integrarse con el cristianismo, pero tuvo poco éxito, porque Hegel negaba la posibilidad religiosa en el campo filosófico, y la **izquierda hegeliana** que se desprende de todo lo religioso y deviene en materialismo. Los representantes más importantes de esta última corriente son **Ludwig Feuerbach** y **Karl Marx**.

El **materialismo** niega la existencia de algo superior, previo a lo que podemos experimentar y que aprehendemos empíricamente, como puede ser Dios, el Espíritu Absoluto o las ideas. Sostiene que todo lo que existe está determinado en su ser solo por algo material y en su comportamiento solo por la causalidad. De esta forma se queda con la materia y niega toda realidad espiritual.

La materia es la sustancia original y el único fundamento existencial del mundo. Por lo tanto niega la existencia de Dios y cree que la materia es eterna e infinita, y todas las causas hay que buscarlas en ella misma.

Para llegar del idealismo absoluto de Hegel al materialismo, los filósofos tuvieron que dar vuelta toda la filosofía hegeliana.

EL MATERIALISMO NATURALISTA: LUDWIG FEUERBACH

Feuerbach (1804-1872) nació en Baviera y estudio Teología en Heildelberg. Luego se traslada a Berlín donde profundizó en la filosofía de Hegel, enrolándose en la **izquierda hegeliana**, y volviéndose un furioso opositor del cristianismo.

Entre sus obras fundamentales están *Pensamientos sobre la inmortalidad* (1830), *La esencia del cristianismo* (1841), *Lecciones sobre la esencia de la religión* (1851).

Su principal preocupación fue la religión y Dios. Esto lo lleva a desarrollar el materialismo naturalista, en el cual la naturaleza es la única realidad eterna y el hombre no necesita crear a un dios para explicarla.

Las perfecciones que el hombre atribuye a Dios no son más que la potenciación de sus propias cualidades, y necesita crear un ser perfecto pero inexistente para conjurar el temor que tiene frente a la muerte. De esta concepción deriva su famosa frase: *El hombre es Dios para el hombre.*

Para llegar a elaborar su pensamiento partiendo de la filosofía hegeliana tuvo que hacer algunos cambios:

Lo que en **Hegel** es	En **Feuerbach** es
• Idea	• Naturaleza
• Espíritu	• Materia
• Dios	• Hombre

Feuerbach entendía a la religión como una enajenación de lo humano: El hombre proyecta su propia imagen idealizada en un ser imaginario al que denomina *Dios*.

Según Feuerbach el hecho de haber creado a Dios hace que el hombre pierda vitalidad en el desarrollo de sus propias fuerzas. Por lo tanto si queremos que la humanidad progrese tenemos que extirpar toda idea religiosa y reemplazarla por un sistema donde el hombre ocupe el lugar de Dios, donde el hombre se considere a sí mismo como un ser divino.

El materialismo histórico: Marx y Engel

Karl Marx (1818-1883) nació en Tréveris, Alemania, en el seno de una familia judía, pero perdió su fe cuando por razones políticas y económicas su padre, un prestigioso abogado, se hizo protestante. Cursó sus estudios en Berlín. Allí se formó en la izquierda hegeliana, del cual retuvo el método dialéctico pero rechazó su idealismo. Criticó la actitud de los filósofos por ser demasiado contemplativos y escribió: *«Los filósofos no han hecho más que interpretar los diversos modos del mundo, pero de lo que se trata es de transformarlo».*

La aventura del pensamiento

En Alemania tuvo problemas por sus ideas ateas y emigró a París donde conoció a Federico Engel, un hombre muy versado en la situación social de los obreros en las fábricas. Con él va a tejer una amistad que durará toda la vida y será su compañero de ruta en el pensamiento. Finalmente, Marx se instala en Londres donde vivirá durante más de 30 años, hasta su muerte.

Su obra más importante fue *El capital*, pero tuvieron resonancia también *El manifiesto del Partido Comunista*, *La sagrada familia*, *Manuscritos económicos y filosóficos*.

Para entender a Marx hay que conocer el entorno en que vivió. Desarrolló su obra en plena eclosión de la sociedad industrial. Walter Montenegro en su *Introducción a las doctrinas políticas y económicas* dice:

> Son típicos los efectos de esta tremenda transformación en Inglaterra, donde la industria textil inaugura el tránsito de la obra manual a la producción mecanizada. La tierra que se empleaba para producir comestibles resulta ahora mucho más lucrativa como campo de pastoreo para el ganado lanar (las fábricas de tejidos demandan cantidades cada vez mayores de materia prima para saciar el apetito voraz de los telares mecánicos). Hay escasez de alimentos; los labriegos se ven desplazados («donde había centenares de campesinos ahora hay una docena de pastores y millares de ovejas»). Los labriegos empujados por la miseria, afluyen a las ciudades, tanto porque ya no tienen nada que hacer en el campo, como porque van en busca de los salarios de las fábricas; pero las fábricas no son suficientes para recibir esta afluencia, y hay desocupación, hambre, problemas de habitación y de higiene. Las ciudades quedan infestadas por una masa flotante de fantasmas que han perdido para siempre el sitio que ocupaban en la tierra y en la historia y que no encuentran todavía un nuevo acomodo; hay revueltas de campesinos. En las fábricas y en las minas de carbón (las máquinas devoran combustible), la situación es literalmente inhumana. Hay empresarios que creen que los adultos ofrecen demasiados problemas, y prefieren contratar niños desde los siete años de edad; para evitar que se alejen del lugar de su tarea, los niños son encadenados a las máquinas y hasta se llegan a limarles los dientes para que coman menos. En las minas, hay hombres que no conocen el sol: fueron concebidos y nacieron y mueren dentro de las galerías. La gente que mora allí —monstruosas hormigas de un oscuro mundo infernal—

pierde hasta la costumbre de vestirse. Hombres y mujeres andan poco menos que desnudos. Una de las ocupaciones que se considera adecuada para las mujeres es la de arrastrar las vagonetas en que se saca el carbón. Pero ingeniosos empresarios han descubierto que es más barato hacer galerías de apenas un metro de altura; las vagonetas son también bajas; las mujeres que las arrastran deben, pues, ir caminando a gatas. Por supuesto, no hay leyes sociales. La abundancia de gente que busca empleo permite a los empresarios rebajar constantemente los salarios (basta con echar al obrero que gana más y tomar a otro por menos, salvo que el primero «se avenga a la rebaja»).

Dice el historiador Toynbee que, aún en 1840, el salario medio del obrero llegaba a 8 chelines semanales y sus gastos semanales a 14. La diferencia debía ser compensada mediante la mendicidad, el robo y la prostitución. Se trabajaba 11 horas al día, seis días por semana: En el siglo anterior la jornada era de 16 horas.

Empiezan a amasarse grandes fortunas entre los empresarios. Un economista de ese tiempo (los economistas son también producto de la época), dice que «no hay orden social posible, a menos que el bienestar de la minoría sea producto de la miseria; y el sufrimiento de la gran mayoría». Pronto, la necesidad de encontrar nuevas fuentes de materias primas y nuevos mercados dará pie a la búsqueda y conquista de colonias y a las guerras de expansión económica; al «colonialismo» y al «imperialismo». El advenimiento del capitalismo tiene caracteres catastróficos.

El materialismo, histórico, dialéctico

Marx, acompañado por Engel, buscaba una ley que dirigiera el desarrollo de la sociedad; para ello usó la dialéctica de Hegel. Consideraba a la dialéctica como el descubrimiento hegeliano más importante y sostuvo que no solo gobernaba la naturaleza sino también el pensamiento. Marx sostiene: *«Esta dialéctica se presenta entonces en las típicas etapas de tesis, antítesis y síntesis; la aplicación más importante de estas etapas dialécticas está en la interpretación del devenir histórico como una continua lucha de clases».*

Sin embargo el método dialéctico aplicado por Marx es muy distinto al de Hegel. En el prólogo de El Capital Marx lo explica así: *«Mi método dialéctico no es solo diferente al hegeliano, sino lo opuesto.*

En el de Hegel el método está de cabeza. Hay que ponerlo de pie. [...] Para Hegel, el mundo real no es sino la forma extrema de "La Idea" y para mí, por el contrario, la idea no es sino el mundo material reflejado por la mente humana».

Para Marx el devenir histórico no está gobernado por ideas abstractas que los hombres ponen en práctica para darle rumbo a los acontecimientos. Lo que determina la historia son los factores de **desarrollo económico-social**. Es un proceso dialéctico que ha sucedido en el pasado, sucede en el presente y sucederá en el futuro.

La historia del hombre —para Marx— es la historia de la lucha de clases. Las clases dominantes, que son siempre minoritarias, luchan por retener y acrecentar lo que tienen. Para ello utilizan a las otras clases sociales en beneficio propio: la explotación del hombre por el hombre.

A su vez las clases desposeídas, que son mayoritarias, luchan por conseguir los instrumentos de producción que están en manos de las clases dominantes para poder librarse del yugo al que están sujetas.

En esta lucha el Estado es el instrumento que usan las clases dominantes para mantener su poder.

La guerra entre las naciones responde también a la misma dinámica: Cuando el capitalismo crece desproporcionadamente se transforma en colonialista e imperialista y extiende los privilegios de la clase dominante de una nación sobre el territorio de la otra.

El humanismo marxista

Marx trata de salvar al proletariado, desposeído y esclavizado, y pretende fundar una sociedad que les garantice la felicidad. Pero eso lo impide la alienación en la cual está sumida la sociedad:

1. **Alienación económico social** que ha convertido al trabajador en una mercancía que vende su capacidad de trabajo en forma injusta, produciendo una plusvalía que acrecienta cada vez más la riqueza de los capitalistas.

2. **Alienación política** que ayuda a los más ricos definiendo arbitrariamente los deberes y derechos sociales siempre contra los desposeídos.

3. **Alienación filosófica** evidenciada en los filósofos que, perteneciendo a la clase burguesa, construyeron una filosofía sin acción.

4. **Alienación religiosa** que es opio para el pueblo ya que prometiéndoles únicamente goces futuros los sume en la inacción.

Debido a esto último Marx propone el ateísmo como forma de salvar al hombre de sus ilusiones del «más allá».

El mesiamismo de Marx

Marx dentro de la dialéctica analiza el futuro y señala como horizonte una sociedad sin clases sociales.

Se llegará a ese paraíso porque los capitalistas, agrupados en *trust* cada vez más poderosos, serán enfrentados por las masas cada vez más numerosas de proletarios empobrecidos, pero solidarios y organizados. Este será el momento para el estallido de la revolución obrera que los aniquilará y, luego de una dictadura del proletariado, se establecerá una sociedad sin clases sociales. Para ello:

1. **El pueblo se organizará colectivamente** con la propiedad de los medios de producción.

2. La economía equilibrada hará que **todos los hombres tengan los mismos deberes y derechos**, por lo tanto las relaciones sociales se volverán humanas.

CONCLUSIÓN

Es muy importante el aporte que Karl Marx hace al pensamiento occidental en el análisis a los aspectos socio-económicos.

Sin embargo su extremo materialismo desecha realidades espirituales y éticas que son necesarias para tener un planteo global de los problemas; el hombre tiene necesidades materiales, pero también es un ser trascendente que necesita respuestas espirituales y un andamiaje espiritual que le permita desarrollar su ética.

La crítica que Marx hace a las religiones se refiere a las prácticas religiosas de su entorno, pero no tiene en cuenta la riqueza de contenido que tiene el cristianismo en su tratamiento del tema de la pobreza y el desamparo. Le faltó un análisis desapasionado de los principios cristianos en la misma fuente y falló al analizar la fe cristiana a través de las manifestaciones religiosas de su tiempo.

Su concepción del hombre como la única divinidad lo lleva a eludir el problema del pecado y la necesidad de la redención. El paraíso terrenal marxista es completamente utópico porque no entiende al hombre en su verdadera realidad espiritual.

La aventura del pensamiento

Capítulo 13:
Positivismo y vitalismo: Comte y Nietzsche

La influencia de Hegel o las reacciones que despierta generan junto al materialismo de **Carlos Marx** dos movimientos ideológicos paralelos: El positivismo y el vitalismo, que tendrán varias derivaciones.

EL POSITIVISMO

El **positivismo** nace como reacción al idealismo alemán que se inició con Hegel, y pretende encontrar una **tercera posición** entre el **idealismo hegeliano** y el **materialismo marxista**. Sostiene que el pensamiento no debe desviarse del conocimiento *positivo*, es decir de los datos que se obtienen de la ciencia experimental.

Está inspirado en el empirismo por lo tanto solo admite el conocimiento que tenga su punto de partida y su conclusión en la experiencia sensible. Para el positivismo la teología o la metafísica son sistemas de conocimiento imperfectos e inadecuados.

Sus principios básicos son:
1. En la naturaleza hay leyes que pueden conocerse.
2. En la naturaleza, la causa de las cosas no pueden conocerse.
3. Solo es posible conocer la relación entre los hechos.
4. Los cambios sociales son la consecuencia de los cambios intelectuales.

Sherlock Holmes: Un héroe de la razón
En 1893 sir Arthur Conan Doyle mató en la ficción a su célebre detective, Sherlock Holmes. Sin embargo la gran cantidad de cartas que recibió lo obligaron a resucitarlo para escribir una nueva serie de cuentos.
Las aventuras de Sherlock Holmes son la obra cumbre del relato de enigma. Este tipo de historia plantea un problema que debe ser resuelto a partir de la lógica y la razón.

> Holmes, el detective protagonista de los relatos de Conan Doyle, es un inglés sagaz que por medio de la deducción logra encontrar la explicación de los crímenes más complejos.
> En una ocasión el doctor Watson, su fiel compañero, visita a Holmes, quien sin mediar explicación alguna deduce que el doctor ha caminado hace un tiempo bajo la lluvia y que tiene una criada sumamente descuidada.
> Cuando Watson le pregunta como obtuvo estas conclusiones, Holmes responde:
>> Es muy sencillo. Mis ojos me dicen que en la parte interior de su zapato izquierdo, está el cuero marcado por seis cortes paralelos. Es obvio que han sido producidos por alguien que a rascado sin ningún cuidado el borde de la suela para quitar el barro seco. Eso me dio pie a la doble deducción que había salido usted con un tiempo horrible y de que tiene un ejemplar de sirvienta londinense que rasca las botas con verdadera mala saña.
>
> Sherlock Holmes es un claro ejemplo del alcance popular del presupuesto básico del positivismo: A partir de la razón el hombre puede alcanzar la verdad.

A través de estos principios el positivismo reconoce la limitación de la ciencia para conocer la esencia de las cosas y se resigna a manejarse con las experiencias sensibles.

El principal representante de esta corriente es **Augusto Comte** (1798-1857) considerado su fundador y quien acuñó el término *positivismo*. Nació en Montpellier y murió en París donde llegó a ser profesor auxiliar de matemáticas en la Escuela Politécnica de París.

Durante su vida tuvo muchos problemas económicos y para subsistir necesitó la ayuda de amigos y discípulos. Esto era consecuencia de la reacción que había contra sus escritos, rechazados por los círculos académicos de su tiempo. Sus obras fundamentales son: *Curso de filosofía positiva, Discurso sobre el Espíritu positivo, Sistema de política positiva o tratado de la sociología que instituye la religión de la humanidad*.

El pensamiento científico

Comte afirma que la ciencia debe prescindir de toda reflexión metafísica o teológica sobre las cosas, limitarse a observar los fenómenos y basándose en esa observación, formular leyes generales. De acuerdo a esto divide la historia de la evolución científica en tres etapas, siendo la última la que llega a la verdad:

1. Período mitológico o teológico
   La realidad se explicaba recurriendo a dioses y demonios, es decir poderes personales superiores. Es una etapa fetichista donde el órgano fundamental del conocimiento es la imaginación. Esta etapa corresponde a la infancia de la humanidad y se prolonga hasta que evoluciona hacia el monoteísmo.

2. Período metafísico
   Se investiga a través del conocimiento abstracto. Es un período de transición —como la adolescencia— donde se realizan las grandes síntesis mentales con un dios único: La Naturaleza.

3. Período positivo
   Corresponde a una etapa de madurez donde el hombre desiste de buscar absolutos, se ciñe a los hechos y los explica estudiando las leyes que los gobiernan. Este es el período final, en que las ciencias se plasman prácticamente en la industria.

La sociología y la religión positiva

Comte es el creador de la sociología, a la que en primera instancia llamó *física social*. Estudió la organización de la sociedad y trató de descubrir las leyes dinámicas que la rigen. Llegó a la conclusión de que a través de la razón se manejaban todos los campos de la vida y finalmente, en la sociedad positiva, todo estaría dirigido por la ciencia y la industria.

Comte llega al delirio cuando, consiente de la necesidad religiosa del hombre, crea una religión a la que denomina *Religión positiva*. La divinidad suprema de esta religión es el *Gran Ser*, es decir el hombre en su máximo desarrollo que debe reverenciarse como la finalidad a la que todo individuo debe aspirar. Hizo un paralelo entre la religión cristiana y la nueva religión:

Religión cristiana:	Iglesia Positiva:
Dios	Gran Ser
Dogmas	Leyes naturales
Santos	Grandes científicos
Ángeles custodios	Mujeres

Además sostenía que se debía adorar a la Tierra, porque el hombre vive en ella, y al espacio, porque la Tierra se mueve en él.

Comte, como fundador de esta religión, asume su función de profeta, organiza una jerarquía eclesiástica, consagra sacerdotes y funda templos. A su fallecimiento sus discípulos rechazaron el aspecto religioso, retuvieron el filosófico e hicieron desaparecer el aspecto delirante. De esta forma su filosofía continuó influyendo en la sociedad francesa del siglo XIX, y posteriormente trasciende a otras latitudes.

EL EVOLUCIONISMO

Carlos Darwin (1809-1882) es quien elabora la teoría de la evolución. En realidad, su revolución afecta al campo biológico más que al campo filosófico. Sin embargo es importante mencionarlo porque su teoría es el resultado del pensamiento positivo y la resonancia de sus conclusiones causaron una verdadera conmoción en todos los ámbitos del saber, ya que al afectar la concepción antropológica hizo sentir su influencia en la psicología, la sociología, la lingüística, la historia que encontraron en sus conclusiones un fundamento filosófico que les servía para desprenderse totalmente de la concepción antropológica teísta.

Sus obras fundamentales son *El origen de las especies por selección natural* y *El origen del Hombre*. La dialéctica de Hegel la aplica al campo biológico donde explica la transformación de unas especies en otras respondiendo a dos leyes fundamentales:

1. **La lucha por la existencia**, donde sobreviven los más fuertes.

2. La adaptación al medio que permite la permanencia de los más aptos.

A través de estas leyes se produce una **selección natural** y las especies se transforman continua y progresivamente.

Los postulados de Darwin pueden resumirse de la siguiente manera:

1. Todas las especies vivientes proceden de la transformación de otras anteriores.
2. Esta transformación se origina en la lucha de los individuos por la subsistencia y en la permanencia de los más aptos.
3. Los caracteres morfológicos y fisiológicos adquiridos en la lucha por la vida se trasmiten hereditariamente a la descendencia.

La teoría de Darwin fue resistida por las diferentes confesiones cristianas, que interpretaban en forma literal el relato de la creación. Temían que la difusión de esta teoría mecanicista pudiera poner en duda el creacionismo y la inmortalidad del alma. La lucha fue demasiado apasionada, por lo que echó muy poca luz al problema.

La teoría de la evolución fue difundida rápidamente en Inglaterra y Alemania, siendo adoptada por algunos filósofos para aplicarla a otro tipo de realidades.

Heriberto Spencer (1820-1903), filósofo de origen inglés. Aunque se formó como ingeniero en ferrocarriles, una herencia le permitió dedicarse a la filosofía y a difundir su pensamiento. Algunas de sus obras son *Primeros principios, Principios de la biología, Principios de la sociología, Principios de la psicología, Principios de la ética, El Hombre contra el Estado, Los factores de la evolución orgánica*.

Afirmaba que todas las ciencias tienen su fundamento en la evolución y que la selección natural es también el proceso rector del desarrollo social. Consideraba a la sociedad como un **organismo vivo** cuyos elementos fundamentales son en primer lugar las familias y luego los individuos.

El desarrollo social debe dejarse librado a las leyes de la selección natural que lo preside. La intervención del Estado solo logra retardar el proceso.

Cuando se refería a la evolución social distinguía dos tipos de sociedades: Las de régimen **militarista**, gobernadas por el despotismo, que subordinaba a los individuos al poder estatal o comunitario y las de régimen **industrial** en las que el poder estatal ha sido reducido al mínimo y aseguran la libertad y autonomía del individuo.

Sostenía que la etapa futura sería una especie de **capitalismo idealizado** donde los **motivos egoístas** darían paso a los motivos altruistas.

Llegó a aplicar la teoría hasta en la ética, donde el principio *vive y deja vivir a los demás* produce, según Spencer, un proceso de evolución que culminaría fatalmente en la instalación de las motivaciones altruistas.

VITALISMO: FEDERICO NIETZSCHE

Federico Nietzsche (1844-1900) descendía de una familia de pastores protestantes. Estudió en Bonn y Leipzig, donde recibió la influencia pesimista de los escritos de Schopenhauer.

Fue un intelectual brillante. A los 24 años fue nombrado profesor de estudios clásicos en Basilea, pero en el año 1879 tuvo que abandonar el cargo por enfermedad. Fue amigo del músico **Richard Wagner**, pero el profundo odio que Nietzsche tenía por el cristianismo lo alejó del músico cuando éste presentó su ópera *Parsifal,* declarándose cristiano.

A causa de su enfermedad peregrinó solitario por Alemania, Italia y Suiza, tratando de mitigar el dolor con drogas. En 1889 perdió la razón y no la recuperó hasta su muerte en Weimar. Durante estos años fue atendido por su hermana, en cuya casa falleció.

Nietzsche no es un filósofo sistemático, es un pensador que se expresa de manera poética, con gran estilo y manejando el aforismo con singular maestría, por ese motivo su pensamiento se presta a variadas interpretaciones. Algunas de sus obras son *Así habló Zaratustra, Más allá del bien y del mal, La gaya ciencia, Ecce Homo, La voluntad de poder, El anticristo.*

Evolución del pensamiento de Nietzsche

Pueden distinguirse tres etapas en la evolución de su pensamiento. La primera bajo la influencia de Wagner y de Schopenhauer en la que desarrolla el ideal dionisiaco. En su libro *Los orígenes de la tragedia* tomó a dos dioses como arquetipos: Apolo y Dionisio.

Apolo era el símbolo del equilibrio, la mesura, el orden, mientras que **Dionisio** era frenéticamente apasionado, desmesuradamente vital, orgiástico. La moral cristiana había negado lo dionisiaco, mantenía la dualidad entre bien y mal, por lo tanto se identificó con Apolo. Para Nietzsche era necesario desatarse de esa moral, ir más allá del bien y del mal, dar lugar a la explosión dionisíaca. El camino a seguir era rechazar todo control religioso, negar la espiritualidad y los deberes. La vida debe ser un estallido del instinto donde triunfe la fuerza, el orgullo, la dureza. A eso lo llama **la voluntad de poder**, que para Nietzsche es una experiencia místico-religiosa.

Define a la voluntad de poder como la potencia constructora del hombre ateo, el cual debe dejarse invadir por la voluntad de vivir para llegar a ser grande: pasar de ser hombre a Superhombre.

Para ello el hombre debe aceptar la muerte de Dios y negarse a sostener los valores cristianos a los que considera parte de una moral para rebaños, una moral de esclavos.

Cuando Nietzsche pierde el aprecio por Wagner entra a un **segundo período**. Primero arremete con dureza contra el músico con una crítica despiadada acusándolo de traicionar la vida al aceptar los valores cristianos del amor, la compasión y el perdón. Dice: «*Wagner, un putrefacto decadente, se arrodilló impotente y quebrado ante la cruz cristiana*». Aquí comienza a negar con fuerza la posibilidad de la metafísica.

En el **último período** consolida todas sus ideas, afirma y profundiza su pensamiento sobre la voluntad de poder y desarrolla su concepción del Superhombre y el cambio de valores.

La muerte de Dios y el superhombre

Federico Nietzsche es el profeta de la muerte de Dios. Desde muy joven se declaró ateo. Sin embargo no era un ateo superficial o ingenuo, se daba cuenta que desprenderse de Dios tendría muchas consecuencias, pero decidió afrontarlas.

Creía que la moral cristiana, en la que todos los seres humanos son iguales ante Dios, era perniciosa porque hacía a los hombres reclamar su igualdad en la Tierra. A las demandas de **igualdad social** típicas de su época, contrapuso la **desigualdad social natural y fatal**. Afirmaba que siempre había habido y habría una **raza de señores** llamados a sojuzgar y una **raza de esclavos**, que tendrían que ser sometidos y obedecer.

El cristianismo es la moral de los esclavos porque exalta la humildad, la compasión, la caridad, la paciencia. Declarando la muerte de Dios caducan todos los valores cristianos. Esa trasmutación de valores dará como resultado la moral del Superhombre.

El Superhombre es la encarnación de la voluntad de poder, el arquetipo de la **raza de señores**, no tiene ley por encima de él mismo, se ha liberado de toda atadura y se maneja sin escrúpulos, estableciendo su propia moral y desarrollando toda su fuerza y energía, guiado por la mística de la voluntad de poder, sobre la cual Nietzsche crea una nueva religiosidad.

Superman y el Superhombre

Tan importante como comprender los principios filosóficos que rigieron cada era es intentar vislumbrar de qué modo esas ideas se manifestaron dentro del inconsciente colectivo del pueblo.

Los lectores del primer número de la revista de historietas americana *Actino Comics* no sabían que estaban contemplando la tergiversada encarnación del máximo ideal promulgado por el más controvertido filósofo del siglo veinte: Federico Nietzsche.

La portada de la revista presentaba a un nuevo personaje: Superman, la representación popular del Superhombre que el filósofo alemán había predicado.

Creado por el joven guionista Jerry Siegler y dibujado por Joe Shuster, muy pronto el héroe alcanzaría renombre internacional. Su historia es simple: Kripton, su planeta de origen, colapsa y explota. El joven Kar-el —nombre originario de Superman— es enviado por sus padres a la Tierra para salvarlo de la destrucción de su planeta. Una vez en la Tierra el pequeño bebé es adoptado por una pareja que lo cría como si fuera su hijo. Sin embargo al pasar el tiempo el joven descubre que posee asombrosos poderes. Se muda a la ciudad, Metrópolis, y allí dedica su vida y sus poderes a defender la justicia. Para evitar inconvenientes, crea un alter ego: Clark Kent, un tímido periodista detrás del que se esconde el poderoso Superman, un hombre que supera a todos los hombres. Un hombre frente al cual, diría Nietzsche, el ser humano normal es una caricatura.

Lo curioso de Superman es que surgió en 1938, en vísperas de la segunda guerra mundial. En sus primeras historias fue el *Superhombre* que enfrentó a una raza de supuestos *Superhombres*: los arios. Ni siquiera la intrépida mente de Nietzsche habría concebido un combate similar.

Características del superhombre

Las características del Superhombre son:

1. **Libertad:** Se desliga de toda clase de remordimientos, descarta la moral cristiana y retorna a lo que Nietzsche considera la inocencia de la moral pagana.

2. **Creatividad:** El Superhombre tiene el poder de crear sus propios valores conforme a su naturaleza, estableciendo a su gusto lo que está bien o está mal, sin referirse a ningún modelo preexistente.

3. **Poderío:** Sujeto únicamente a su voluntad, se convierte en el tiránico legislador de todo el rebaño, impone por la fuerza sus valores, moldea a los hombres a su arbitrio y los sacrifica sin remordimientos si esto lo exalta.

Trasmutación de los valores

Para alcanzar su meta el hombre debe evolucionar mediante la inversión de valores. El valor supremo es la vida, pero debe entenderse la vida en plenitud: sana y fuerte. Esta vida no debe contemplar la compasión: al enfermo o al débil hay que empujarlo para que caiga.

Para ello hay que cambiar la escala de valores cristianos:

Moral cristiana	Moral del Superhombre
Piedad	Impiedad
Humildad	Dureza
Sumisión	Poderío
Caridad	Odio

Los valores cristianos son para Nietzsche la corrupción de la vida porque defienden al débil, al enfermo o al discapacitado. Sostiene que los cristianos inventaron a Dios para aniquilar la vida, el alma para denigrar al cuerpo y el cielo para desvalorizar la Tierra.

CONCLUSIÓN

La filosofía de Federico Nietzsche es perfectamente comprensible si se la considera a la luz de su ateísmo y su desequilibrio psicológico. Vivió una vida atormentada y contradictoria. Sin embargo señaló algunas distorsiones de la fe cristiana que estaban en boga en su época, que deben ser tenidas en cuenta: La falta de templanza y carácter de los cristianos, y la prédica de una fe evasionista, escapista y trasmundista.

FRAGMENTO DE *ASÍ HABLÓ ZARATUSTRA* – FEDERICO NIETZSCHE

Cuando Zaratustra entró en la ciudad más cercana al bosque, halló un gran gentío congregado en la plaza. Había corrido la voz de que llegaba un titiritero. Y Zaratustra habló al pueblo con estas palabras:

«Yo predico el Superhombre. Yo os anuncio el Superhombre. El hombre es algo que debe ser superado. ¿Quién de vosotros ha hecho algo para superarle?

Todos los seres, hasta el presente, han originado algo superior a ellos mismos; ¡y mientras, vosotros, queréis ser el refluir de esa marea y retornar a la animalidad, mejor que superar al hombre! ¿Qué es el mono para el hombre? Un motivo de risa, o una dolorosa vergüenza. Pues otro tanto debe ser el hombre para el Superhombre: una irrisión, o una afrentosa vergüenza. ¡Habéis ya recorrido el sendero que va desde el gusano al hombre, pero queda aún en vosotros mucho de gusano!

En tiempos pasados fuisteis simios, ¡pero ahora es el hombre más simio que cualquier simio! Y el más sabio de todos vosotros no pasa de ser una realidad disparatada, un ser híbrido de planta y fantasma. Más ¿os digo yo que os transforméis en plantas o en fantasmas?

Escuchadme, os diré qué es el Superhombre:

El Superhombre es el sentido de la tierra. Que vuestra voluntad diga: ¡sea el Superhombre el sentido de la tierra!

¡Hermanos míos, yo os exhorto a que permanezcáis fieles al sentido de la tierra, y nunca prestéis fe a quienes os hablen de esperanzas ultraterrenas! Son destiladores de veneno, conscientes o inconscientes. Son menospreciadores de la tierra, moribundos y emponzoñados y, la tierra les resulta fatigosa. ¡Por eso desean abandonarla!

Antaño, los crímenes contra Dios eran los máximos crímenes, la blasfemia contra Dios era la máxima blasfemia. Pero Dios ha muerto, y con él han muerto esas blasfemias y han desaparecido esos delitos. Hogaño el crimen más terrible es el crimen contra la tierra; es decir, poner por encima del sentido de la tierra las entrañas de lo incognoscible.

Antaño el alma miraba al cuerpo con desdén, y no existía entonces virtud más excelsa que aquel desdén. El alma quería ver al cuerpo demacrado, horrible y muerto de hambre: así creía llegar a emanciparse de él y de la tierra.

¡Oh, más el alma misma estaba macilenta, horrorosa y famélica, y la crueldad era su deleite!

Pero, hablad vosotros, hermanos míos. ¿Qué os dice vuestro cuerpo sobre vuestra alma? ¿No es vuestra alma miseria, o basura, o una sucia voluptuosidad?

Verdaderamente, el hombre es una corriente impura y cenagosa. Hay que tornarse Océano, para poder recibir tal corriente turbia y cenagosa sin contaminarse de su impureza.

Escuchadme, yo os diré lo que es el Superhombre. El Superhombre es la misma cosa que el Océano de que os hablaba, aquel en que puede sumergirse vuestro gran menosprecio.

¿Qué es lo más grande que puede sucederos? Que llegue la hora del gran menosprecio, la hora en que os asqueéis de vuestra propia felicidad, o de vuestra razón, o de vuestra virtud. La hora en que os digáis: ¿Qué me importa mi felicidad si no es más que miseria, o basura, o una voluptuosidad lamentable? Y, en cambio, ¡la felicidad debiera justificar incluso la existencia!

La hora en que os digáis: ¿qué me importa mi razón?: ¿Acaso ansía ésta el saber, como el león a su alimento? ¿O es pobre y sucia, una voluptuosidad harto miserable?

La hora en que os digáis: ¿Qué me importa mi virtud? Aún no me ha proporcionado ni un instante siquiera de embriaguez. ¡Cuán harto estoy de lo bueno y de lo malo dentro de mí! ¡No es todo sino miseria, o basura, o una miserable voluptuosidad!

La hora en que os habréis de decir: ¿Qué me importa mi justicia? No veo que yo sea pasión y frialdad. Y sin embargo, el justo debe ser pasión y frialdad.

La hora en que os habréis de decir: ¿Qué me importa mi compasión? Esa compasión, ¿acaso no es la cruz en la que clavan al que ama a los hombres? Pero mi compasión no es crucifixión.

¿Lo habéis anunciado ya? ¿Lo habéis gritado ya? ¡Ojalá ya os hubiera oído gritarlo!

¡No son vuestros pecados, sino vuestra moderación, lo que clama al cielo! ¡Vuestra mezquindad, aun dentro de vuestros pecados, es lo que clama al cielo!

¿Dónde se hallará el rayo que os lama con su lengua de fuego? ¿Dónde la locura que habría que inoculraos?

Pues bien, yo os predico el Superhombre. ¡El Superhombre es ese rayo, el Superhombre es esa locura!»

Cuando Zaratustra hubo terminado su discurso, salió una voz de entre la multitud, y dijo:

«¡Ya hemos escuchado bastante al titiritero! ¡Ahora queremos ver lo que hace!»

Entonces el populacho se rió de Zaratustra. Y el titiritero, creyendo que aquellas palabras se dirigían a él, comenzó su actuación.

La aventura del pensamiento

Capítulo 14:
El existencialismo: Heidegger y Sartre

La epoca

El siglo veinte fue convulsionado y violento. El avance tecnológico, del que se esperaba la felicidad, mostró su rostro más oscuro. La capacidad destructiva del hombre exteriorizó todo su horror. Los pueblos más cultos y desarrollados, de los que se esperaba cordura y equilibrio, se comportaron con la misma barbarie de los pueblos primitivos, con la única diferencia que justificaban sus actos escudándose en complejas ideologías. El hombre estaba en crisis. ¿Dónde había quedado el Superhombre de Nietzsche, la moral racional de Kant o el progreso de Comte?

En 1907 Pablo Picasso presenta en sociedad una obra desconcertante: *Las señoritas de Avignon*. Es una pintura que inquieta al espectador porque rompe con los esquemas tradicionales: La figura humana aparece quebrada en sucesivos planos y sus rasgos están emparentados con el arte primitivo y salvaje. El cuadro representa un conjunto de mujeres en un burdel de Barcelona. Es la primera manifestación del cubismo, el estilo pictórico que caracterizará al hombre del siglo veinte: Un individuo quebrado que reniega de la racionalidad y se entrega a sus instintos más primitivos. Picasso había intuido lo que se escondía detrás de la cáscara civilizada de su generación y lo desnuda en su obra. Sus contemporáneos no se sienten representados por el nuevo estilo y se resisten a aceptarlo: están alienados en la fiebre positivista. Siete años después, con el comienzo de la Primera Guerra Mundial, los hechos le darían la razón al pintor español.

En medio de estos conflictos surge una filosofía cuya temática es la crisis: el existencialismo.

Características

Existencialismo deriva de la palabra latina *existere*, lo que está ahí; de *existentia* , lo que es; de *exsistit*, lo que está afuera. En todos estos casos existencia es equiparable a realidad, lo que es *ex* —está afuera— de la cosa que es.

El existencialismo critica toda la filosofía anterior por plantear esencias abstractas, perder el interés por lo humano y alejarse permanentemente de la realidad viva y cotidiana.

La filosofía estaba concentrada en los universales y no tenía en cuenta la realidad ni la individualidad. Lo contingente y mudable no tenía interés: todo giraba en torno a lo necesario e inmutable. Parecía que la realidad estaba entre paréntesis.

Los filósofos se ocupaban de la esencia que se repite invariablemente en cada individuo y olvidaba las individualidades para atender únicamente al conjunto. Por eso el *esencialismo* inicial había derivado en idealismo.

Los existencialistas, por el contrario, relacionan al hombre con el mundo, revelándose contra la concepción del hombre independiente de su realidad cotidiana. Como decía Ortega y Gasset *el hombre es el hombre y sus circunstancias*.

El existencialismo propone una vuelta a lo concreto y singular, retornar a la experiencia viva y ver la riqueza que poseen las múltiples paradojas de la realidad. Desechan lo abstracto y universal para centrarse en los particulares tal cual son, tratando de entenderlos en su diversidad y sin intentar sacar de ellos universales.

A la filosofía de la **esencia** contraponen la de la **existencia**, palabra con la que designan al hombre concreto y singular.

Miguel de Unamuno en su obra *Del sentimiento trágico de la vida* lo explica así:

> *Homo sum; nihil humani* a me *alienum puto* dijo el cómico latino. Y yo diría más bien, *nullum hominem* a me *alienum puto*; soy hombre, a ningún otro hombre estimo extraño. Porque el adjetivo *humanus* me es tan sospechoso como su sustantivo abstracto humanitas, la humanidad. Ni lo humano ni la humanidad, ni el adjetivo simple, ni el sustantivado, sino el sustantivo concreto: el hombre. El hombre de carne y hueso, el que nace, sufre y muere —sobre todo muere—, el que come y bebe y juega y duerme y piensa y quiere, el hombre que se ve y a quien se oye, el hermano, el verdadero hermano.
>
> Porque hay otra cosa, que llaman también hombre, y es el sujeto de no pocas divagaciones más o menos científicas. Y es el *bípedo*

implume de la leyenda, el animal político de Aristóteles, el contratante social de Rousseau, el *homo oeconomicus* de los manchesterianos, el *homo sapiens* de Linneo o, si se quiere, el mamífero vertical. Un hombre que no es de aquí o de allí ni de esta época o de la otra, que no tiene ni sexo ni patria, idea, en fin. Es decir, un no hombre.

El nuestro es el otro, el de carne y hueso; yo, tú, lector mío; aquel otro de más allá, cuantos pesamos sobre la tierra.

Y este hombre concreto, de carne y hueso, es el sujeto y el supremo objeto a la vez de toda filosofía, quiéranlo o no ciertos sedicentes filósofos.

En las más de las historias de la filosofía que conozco se nos presenta a los sistemas como originándose los unos de los otros, y sus autores, los filósofos, apenas aparecen sino como meros pretextos. La íntima biografía de los filósofos, de los hombres que filosofaron, ocupa un lugar secundario. Y es ella, sin embargo, esa íntima biografía la que más cosas nos explica.[32]

Corrientes

El existencialismo es la corriente más importante del siglo veinte, pero los existencialistas remontan sus orígenes a **Sören Kierkegaard** y su concepto de la angustia. Surge con fuerza luego de la Primera Guerra Mundial (1914-1918) y vuelve a resurgir luego de la Segunda (1939-1945).

El existencialismo se expresa a través de dos corrientes: la religiosa y la atea. La religiosa reconoce como antecedente al mencionado Kierkegaard y **Miguel de Unamuno** (1864-1936) pero sus principales exponentes son **Karl Jasper** (1883-1969) y **Gabriel Marcel** (1889-1974).

Las figuras más importantes de la corriente atea son: **Martín Heidegger** (1889-1976) y **Jean Paul Sartre** (1905-1980).

El pensamiento existencialista es muy heterogéneo, pero todos coinciden en el rechazo por la antigua metafísica y su búsqueda de caminos absolutamente nuevos.

---

[32] **Miguel de Unamuno,** *Del sentimiento trágico de la vida* **(Madrid: Editorial Planeta, 1993).**

Ser y esencia

El conflicto con la antigua metafísica hizo que uno de los ejes principales sobre los que gira el existencialismo sea el problema del ser. El título de algunas de sus obras lo subraya: *El ser y la nada* de Jean-Paul Sartre, *Ser y tiempo* y *Sobre la cuestión del ser* de Martín Heidegger, *El misterio del ser* de Gabriel Marcel. Defienden, como era de esperar, la existencia por encima de la esencia y lo sintetizan afirmando: *El ser precede a la esencia*.

Por lo tanto el existencialismo se ocupa de la realidad del hombre. No se ocupa del hombre y la circunstancia en general, sino del hombre particular, de carne y hueso, y de su circunstancia particular.

Siguiendo este camino conciben al hombre como una realidad completa, pero inacabada. Tiene conciencia de su propia libertad —este será un tema muy importante para los existencialistas—. Su destino es poder realizarse en medio de las múltiples contradicciones de sus experiencias. La existencia es libertad radical donde todas las posibilidades son válidas para que cada individuo realice su propia esencia.

Esta situación engendra en el hombre incertidumbre, angustia existencial frente al absurdo, al fracaso, al inexplicable misterio de que la propia existencia desemboque fatalmente en la muerte. No obstante los existencialistas prefieren la angustia existencial a cualquier alienación de una realidad que finalmente se impone. No quieren eludir aquello que había descrito Blas Pascal en sus *Pensamientos* con tanta precisión: «Por muy bella que haya venido siendo la comedia el último acto será sangriento».

MARTIN HEIDEGGER

Vida

Martín Heidegger (1889-1976) es la figura pionera del existencialismo. Nació en Messkirch, Alemania en 1889 y estudió en la universidad de Friburgo donde se doctoró y de la cual fue luego profesor. Ejerció también la docencia en la Universidad Marburgo.

En una etapa de su vida se adhirió al nacionalsocialismo, pero más tarde desistió, se dedicó únicamente a la enseñanza y llevó una vida retirada.

Tuvo una experiencia religiosa que lo hizo ingresar como novicio a la comunidad de los Jesuitas, para abandonarla unos meses más tarde. Luego ingresó a un seminario, pero tuvo que retirarse para participar en la guerra.

Entre sus obras más conocidas se pueden mencionar *Ser y tiempo*, *Kant y el problema de la metafísica*, *La esencia del fundamento*, *¿Qué es metafísica?*, *La doctrina platónica de la verdad* y *La esencia de la verdad*.

En sus escritos se ocupa principalmente del sentido del ser, su estructura, su necesidad y su permanencia.

El ser

Para Heidegger el ser es el hombre, porque es el único que puede pensarse a sí mismo, puede *ex-sistir*, salir fuera de sí mismo y pensarse. Las cosas, los entes que no tienen conciencia de sí, que no pueden interrogarse acerca de sí, son los *ser-para*. Realmente las cosas no son, *sirven-para* o *son-útiles-para*.

El hombre es *el-ser-ahí*, porque es quien se pregunta por el ser, por su existencia. Heidegger lo explica mediante tres elementos:

El *ser-ahí* se relaciona con el mundo de una forma especial porque comprende su existencia, el *ser-para* no sabe que existe el mundo para él. Por lo tanto el hombre es *ser-en-el-mundo*, porque el hombre existe en un tiempo concreto, un país determinado, perteneces a una clase social, tienen un entorno familiar particular. La manera en que el ser se realiza es la existencia.

Pero el *ser-ahí* no existe aislado ni independiente, sino que existe inmerso en el mundo con los demás seres. El existencialismo de Heidegger se profundiza cuando afronta el problema de la sociedad, porque el hombre es un ser social, por lo tanto tiene que ser con los otros y el *ser-ahí* se transforma en *ser-con*.

Esta presencia de los otros nos hace inauténticos, porque *lo que se hace o lo que se dice* prevalece sobre el yo, nos hace huir de nosotros mismos convirtiéndonos en inauténticos y nos impide ver nuestra condición y consecuentemente imposibilita nuestra realización.

La muerte

El hombre es un ser para la muerte. Para Heidegger hemos sido arrojados al mundo para en él morar e ir muriendo. La muerte es el único destino seguro que espera al hombre. La totalidad existencial llega a su fin con la muerte.

Esta expectativa vuelve al hombre sobre sí mismo. Es una realidad amarga e insuperable. Eso es lo que produce la **angustia existencial**: el enfrentamiento del hombre con la nada. Detrás de todas las cosas está la **nada**: el hombre también es nada y va hacia la nada.

El ser auténtico es el que acepta la radical nihilidad de la existencia, ya que es imposible su trascendencia.

JEAN-PAUL SARTRE

VIDA

Jean-Paul Sartre (1905-1980) nació en París. Se convirtió en el representante más popular del existencialismo del siglo XX. Fue profesor hasta el comienzo de la Segunda Guerra Mundial. Estuvo en los campos de concentración alemanes, y al ser liberado se volvió a dedicar a la acción docente. En 1945 fundó la revista *Tiempos Modernos*, y desde entonces se dedicó a la actividad literaria.

Se destacó como novelista, dramaturgo y guionista, y como pensador estuvo permanentemente comprometido con la acción política. Dio al término existencialismo un uso masivo por ser un hombre popular e influyente.

Sus principales obras teóricas son *El ser y la nada, El existencialismo es un humanismo, Crítica de la razón dialéctica, La imaginación*. Entre sus obras literarias *La náusea, Las moscas, El Diablo y el buen Dios, La muerte en el alma, Los caminos de la libertad, El muro*.

En 1964 se le otorgó el Premio Novel de Literatura, que rechazó en medio de un gran escándalo.

Sartre es la versión francesa de la filosofía de Heidegger. Define al existencialismo como «*un intento de extraer todas las consecuencias de una posición atea coherente*». Insiste en que el existencialismo es una forma de humanismo y en todos sus escritos resalta la libertad, la capacidad de elección y la responsabilidad humana, pero su enfoque está teñido de un oscuro pesimismo.

Debido a su militancia política intentó reconciliar el existencialismo con el análisis marxista de la sociedad y la historia.

Cuando murió sus restos fueron acompañados por un cortejo de más de cincuenta mil personas, prueba evidente de su popularidad.

Sartre, un filósofo popular

Sartre fue un personaje popular y controvertido. Supo promocionar y difundir de un modo admirable su pensamiento filosófico. Uno de los detalles más interesantes de su extensa producción es que muchos de sus escritos son obras teatrales. Sartre entendía que el teatro era un modo práctico de llegar con sus ideas al gran público. Sus obras llegaron a ser muy exitosas: Sartre había comprendido que la mejor forma de impactar a la gente era utilizando sus mismos códigos. A causa de su alcance masivo fue despreciado por la mayoría de sus colegas. El círculo académico reconoció tardíamente la importancia de sus aportes, pero eso nunca pareció importar demasiado a Jean-Paul. Había logrado su objetivo: llegar a la gente con un concepto filosófico que hablaba, precisamente, sobre la importancia y el valor de cada individuo.

Sartre no pudo disfrutar de la última demostración de popularidad que le prodigó su público: 50.000 personas asistieron a su funeral en el barrio parisino de Montparnasse.

El ser

Sartre piensa que los seres humanos necesitan una base racional para sus vidas pero son incapaces de conseguirla. Eso hace que la existencia del hombre pueda definirse como una pasión inútil.

Sigue los lineamientos de Heidegger y diferencia:

1. El **ser-en-sí**, que es lo que es pero carece de toda relación. Es una masa indiferenciada, no tiene conciencia, es el mundo.

2. El **ser-para-sí** es el hombre, la conciencia. El *para-sí* está en el *en-sí* pero es totalmente diferente a él. El *ser-en-sí* es totalmente libre.

El hombre es un continuo deseo, pero desear es no tener, es una carencia de ser, es necesitar un completamiento. La existencia del *ser-*

para-sí es el esfuerzo por alcanzar la envidiable estabilidad del *ser-en-sí*, pero su proyecto siempre termina en el fracaso de la muerte.

La libertad

El *para-sí*, el hombre, es totalmente libre y está condenado a permanecer en esa condición. Sartre describe su concepto de libertad diciendo:

> ...el hombre es ahora absolutamente libre. Pero esta libertad no es un don, sino que el hombre se halla condenado a ella, condenado porque para que la libertad sea plena libertad, no puede haber nada enfrentado normativamente al hombre, ni fe en Dios, ni verdades, ni valores.

Enfrenta al hombre solo con el mundo hostil, y en esa tensión tiene que elaborar su proyecto de vida aunque sabe anticipadamente que terminará fatalmente con la muerte. La libertad se transforma así en un vértigo angustioso. El hombre está solo, no tiene valores, ni verdades, ni dios que pueda regirlo. Por lo tanto debe inventar su propio camino. Todos los caminos que tome son válidos, pero conducen a la nada.

Las estructuras sociales, a las que llama *los otros*, tienen un efecto paralizante sobre la libertad: la condicionan. En su drama *A puertas cerradas* plantea el tema y hace la síntesis diciendo: *El infierno son los otros*. Solo podemos liberarnos de la mirada ajena si desconocemos al otro como sujeto y lo tratamos como objeto.

Sartre siempre está interesado en los hombres en situación límite: homosexuales, drogadictos, condenados a muerte, asesinos, porque en ellos se destacan los rasgos desnudos de la condición humana.

> JEAN-PAUL SARTRE, FRAGMENTO DE LAS MOSCAS DONDE DIALOGAN JÚPITER Y ORESTES
> —EL DIOS Y EL HOMBRE—
> SOBRE LA CONDICIÓN HUMANA Y LA LIBERTAD.
>
> JÚPITER: ¡Orestes! Te he creado y he creado toda cosa: mira. Mira esos planetas que ruedan en orden, sin chocar nunca: soy yo quien ha reglado su curso, según la justicia. Escucha la armonía de las esferas, ese enorme canto mineral de gracia que repercute en los cuatro rincones del cielo. Por mí las especies se perpetúan, he ordenado que un hombre engendre siempre un hombre, y que el cachorro de perro sea un perro; por mí la dulce lengua de las mareas

viene a lamer la arena y se retira a hora fija, hago crecer las plantas, y mi aliento guía alrededor de la tierra a las nubes amarillas del polen. No estás en tu casa, intruso; estás en el mundo como la astilla en la carne, como el cazador furtivo en el bosque señorial, pues el mundo es bueno; lo he creado según mi voluntad, y yo soy el Bien. Pero tú, tú has hecho el mal, y las cosas te acusan con sus voces petrificadas; el bien está en todas partes, es la médula del saúco, la frescura de la fuente, el grano de sílex, la pesadez de la piedra; lo encontrarás hasta en la naturaleza del fuego y de la luz; tu cuerpo mismo te traiciona, pues se acomoda a mis prescripciones. El Bien está en ti, fuera de ti: te penetra como una hoz, te aplasta como una montaña, te lleva y te arrastra como un mar; él es el que permite el éxito de tu mala empresa, pues fue la claridad de las antorchas, la dureza de tu espada, la fuerza de tu brazo. Y ese Mal del que estás tan orgulloso, cuyo autor te consideras ¿qué es sino un reflejo del ser, una senda extraviada, una imagen engañosa cuya misma existencia está sostenida por el Bien? Reconcéntrate, Orestes; el universo te prueba que estás equivocado, y eres un gusanito en el universo. Vuelve a la naturaleza, hijo desnaturalizado: mira tu falta, aborrécela, arráncala como a un diente cariado y maloliente. O teme que el mar se retire delante de ti, que las fuentes se sequen en tu camino, que las piedras y las rocas rueden fuera de tu senda y que la tierra se desmorone baja tus pasos.

ORESTES: ¡Qué se desmorone! Que las rocas me condenen y las plantas se marchiten a mi paso; todo tu universo no bastará para probarme que estoy equivocado. Eres el rey de los dioses, Júpiter, el rey de las piedras y de las estrellas, el rey de las olas del mar. Pero no eres el rey de los hombres.

JÚPITER: Yo soy tu rey, larva desvergonzada. Entonces, ¿quién te ha creado?

ORESTES: Tú. Pero no debías haberme creado libre.

JÚPITER: Te he dado la libertad para que me sirvas.

ORESTES: Es posible, pero se ha vuelto contra ti y nada podemos ninguno de los dos.

JÚPITER: ¡Por fin! Ésa es la excusa.

ORESTES: No me excuso.

JÚPITER: ¿De veras? ¿Sabes que esa libertad de la que te dices esclavo se asemeja mucho a una excusa?

ORESTES: No soy ni el amo ni el esclavo, Júpiter. ¡Soy mi libertad! Apenas me creaste, dejé de pertenecerte.

La aventura del pensamiento

ELECTRA: Por nuestro padre, Orestes, te conjuro, no añadas la blasfemia al crimen.

JÚPITER: Escúchala. Y pierde la esperanza de convencerla con tus razones; este lenguaje parece bastante nuevo para sus oídos, y bastante chocante.

ORESTES: Para los míos también, Júpiter. Y para mi garganta que emite las palabras y para mi lengua que las modela al pasar: me cuesta comprenderme. Todavía ayer eras una vela sobre mis ojos, un tapón de cera en mis oídos; ayer tenía ya una excusa: era mi excusa de existir porque me habías puesto en el mundo para servir tus designios, y el mundo era una vieja alcahueta que me hablaba sin cesar de ti. Y luego me abandonaste.

JÚPITER: ¿Abandonarte, yo?

ORESTES: Ayer no estabas cerca de Electra; toda tu naturaleza se estrechaba a mí alrededor; tu Bien, la sirena, cantaba y me prodigaba consejos. Para incitarme a la lenidad, el día ardiente se suavizaba como se vela una mirada; para predicarme el olvido de las ofensas, el cielo se había hecho suave como el perdón. Mi juventud, obediente a tus órdenes, se había levantado, permanecía frente a mis ojos, suplicante como una nave a punto de ser abandonada: veía mi juventud por última vez. Pero de pronto la libertad cayó sobre mí y me traspasó, la naturaleza saltó hacia atrás, y ya no tuve edad y me sentí completamente solo, en medio de tu, mundito benigno, como quien ha perdido su sombra; y ya no hubo nada en el cielo, ni Bien, ni Mal, nadie que me diera órdenes.

JÚPITER: ¿Y qué? ¿Debo admirar a la oveja a la que la sarna aparta del rebaño, o al leproso encerrado en el lazareto? Recuerda, Orestes: has formado parte de mi rebaño, pacías la hierba de mis campos en media de mis ovejas. Tu libertad solo es una sarna que te pica, solo es un exilio.

ORESTES: Dices la verdad: un exilio.

JÚPITER: El mal no es tan profundo: data de ayer. Vuelve con nosotros. Vuelve: mira qué solo te quedas, tu propia hermana te abandona. Estás pálido y la angustia dilata tus ojos.

¿Esperas vivir? Te roe un mal inhumano, extraño a mi naturaleza; extraño a ti mismo: Vuelve: soy el olvido, el reposo.

ORESTES: Extraño a mí mismo, lo sé. Fuera de la naturaleza, contra la naturaleza sin excusa, sin otro recurso que en mí. Pero, no volveré bajo tu ley; estoy condenado a no tener otra ley que la mía. No volveré a tu naturaleza en ella hay mil caminos, que conducen a ti pero solo puedo seguir mi camino. Porque soy un hombre Júpiter, y cada hombre debe inventar su camino. La naturaleza tiene horror al hombre y tú, soberano de los dioses, también tienes horror a los hombres.

JÚPITER: No mientes: cuando se parecen a ti, los odio.

ORESTES: Ten cuidado; acabas de confesar tu debilidad. Y no te odio. ¿Qué hay de ti en mí? Nos deslizamos uno junto al otro sin tocarnos, como dos navíos. Tú eres un Dios y yo soy libre; estamos igualmente solos y nuestra angustia es semejante. ¿Quién te dice que no he buscado el remordimiento en el curso de esta larga noche? El remordimiento, el sueño. Pero ya no puedo tener remordimientos. Ni dormir.

JÚPITER: ¿Qué piensas hacer?

ORESTES: Los hombres de Argos son mis hombres. Tengo que abrirles los ojos.

JÚPITER: ¡Pobres gentes! Vas a hacerles el regalo de la soledad y la vergüenza, vas a arrancarles las telas con que ya los había cubierto, y les mostrarás de improviso su existencia, su obscena e insulsa existencia, que han recibido para nada.

ORESTES: ¿Por qué había de rehusarles la desesperación que hay en mí, si es su destino?

JÚPITER: ¿Qué harán de ella?

ORESTES: Lo que quieran; son libres y la vida humana empieza del otro lado de la desesperación.

JÚPITER: Bueno, Orestes, todo estaba previsto. Un hombre debía venir a anunciar mi crepúsculo. ¿Eres tú?

Rubén Darío

El modernismo literario fue un movimiento que creció a la luz del existencialismo. Su principal representante, el nicaragüense Rubén Darío supo conjugar en su obra profundas reflexiones en torno a la existencia y el sentido de la vida. En su poema Lo fatal plantea algunos de estos dilemas a los que se enfrentaron los pensadores existencialistas:

Dichoso el árbol que es apenas sensitivo,
Y más la piedra dura, porque ésta ya no siente,
pues no hay dolor más grande que el dolor de ser vivo,
ni mayor pesadumbre que la vida consciente.

Ser, y no saber nada, y ser sin rumbo cierto
y el temor de haber sido un futuro terror...
y el espanto seguro de estar mañana muerto,
y sufrir por la vida y por la sombra y por

lo que no conocemos y apenas sospechamos
y la carne que tienta con sus frescos racimos,
y la tumba que aguarda con sus fúnebres ramos,
y no saber adónde vamos,
ni de dónde venimos...!

Darío logró, con singular maestría, expresar con belleza su angustia existencial, mostrar el vacío interior de un hombre que ha buscado el sentido de la existencia y opta por una resignada desesperación. Pero no siempre el problema de la existencia y la muerte se encararon de esta manera. El hombre medieval tenía una visión diferente de la muerte: formaba parte de su existencia, era el paso que lo llevaba a la vida eterna. Su concepción de la vida era distinta a la nuestra.

Borges y Dios

El cuentista, ensayista y poeta argentino Jorge Luis Borges (1899-1986) fue un hombre de asombrosa erudición. Fuertemente influenciado por las filosofías orientales, Borges supo plasmar en sus escritos notables dilemas metafísicos. Los dos sonetos que componen su poema «Ajedrez» son una clara muestra del interés que sentía el escritor por los problemas del ser:

I

En su grave rincón, los jugadores
rigen las lentas piezas. El tablero
los demora hasta el alba en su severo
ámbito en el que se odian dos colores.

Adentro irradian mágicos rigores
las formas: torre homérica, ligero
caballo, armada reina, rey postrero,
oblicuo alfil y peones agresores.

Cuando los jugadores se hayan ido,
cuando el tiempo los haya consumido,
ciertamente no habrá cesado el rito.

En el Oriente se encendió esta guerra
cuyo anfiteatro es hoy toda la tierra.
Como el otro, este juego es infinito.

II

Tenue rey, sesgo alfil, encarnizada
reina, torre directa y peón ladino

sobre el negro y blanco del camino
buscan y libran su batalla armada.

No saben que la mano señalada
del jugador gobierna su destino,
no sabe que un rigor adamantino
sujeta su albedrío y su jornada.

También el jugador es prisionero
(la sentencia es de Omar) de otro tablero
de negras noches y de blancos días.

Dios mueve al jugador, y esté, a la pieza.
¿Qué dios detrás del Dios la trama empieza
de polvo y tiempo y sueño y agonías?

EL FIN DE LA AVENTURA

La aventura del pensamiento en el mundo occidental ha sido larga y no estuvo exenta de dificultades. Al llegar a nuestro provisorio final, porque la historia continúa, parece que solo abrimos una puerta hacia el abismo. Por eso conviene, luego de este extenso y arduo recorrido panorámico, esbozar algunas ideas desde la óptica cristiana sobre el camino andado por el pensamiento occidental.

Admirable es el esfuerzo de los filósofos presocráticos por desentrañar los misterios del universo. Estaban deslumbrados por el escenario en que se desarrolla el drama de la vida humana y querían descubrir los entretelones de la tramoya. Esa investigación los llevó a intuir al *logos*, al sentido último, al Dios único cuya inmensa sabiduría y poder se hacía visible en la creación. Pero no pudieron ir más allá.

También es admirable el esfuerzo de quienes los sucedieron, presididos por esos gigantes del pensamiento que fueron Sócrates, Platón, Aristóteles. El asombro y la perplejidad se concentraba en el misterio del hombre y sus contradicciones. Buscaban a tientas, guiados solamente por la luz de la razón, desentrañar los misterios de la conducta humana.

Ellos son los testigos de una humanidad extraviada, que como el mítico Teseo se halla perdida en un oscuro laberinto. Tienen conciencia de que el Minotauro de la muerte los espera para devorarlos y vagan a tientas, iluminados solo por el resplandor de la razón, intentando dar con la salida. Es que han perdido el hilo de Ariadna que los llevaba al sol y a la libertad. Y es muy difícil, imposible, salir del laberinto sin poseer el hilo conductor. Pueden atisbarse asomos de luz en los recodos de algunas galerías, pueden llegar a verse algunos reflejos, pero no se puede llegar hasta el final.

Por eso el camino queda siempre trunco, la respuesta final falta, el conocimiento se acumula, pero también se contradice; avanza para luego volverse sobre sí mismo y nuevamente desdoblarse. Así una y otra vez. Los hombres andan a tientas.

Con el advenimiento de Jesucristo el hilo y la luz de Dios, que ya había hablado en el pasado, se proyecta vigoroso hacia toda la humanidad. Su impacto fue tan grande, su efecto tan decisivo, que en la persona de Cristo se parte la historia. La *buena noticia* había llegado, ahora solo había que tomarse del hilo y emprender el camino seguro hacia la salida. Pero la buena noticia no llegaba por vía de la razón, aunque no era antirracional ni irracional: llegaba por medio de la revelación y por la vía de la fe.

Estaba planteada ya para occidente la dupla con la que tendría que seguir adelante: Fe y Razón. Vendrán hombres que con fuerza, decisión y sacrificio emprenderán el camino, pero partiendo de una esperanza segura.

San Agustín, quien durante mucho tiempo sintió el vértigo de la búsqueda, dice al comenzar sus *Confesiones* dirigiéndose a Dios: «*Nos criasteis para Vos, y está inquieto nuestro corazón hasta que descansa en Vos*». En este pensamiento, explica la causa de la permanente inquietud e insatisfacción del pasado y la fe que guiará en el futuro. La patrística brinda testimonio de un monumental esfuerzo que se prolongó por siglos e incluyó innumerables debates y discusiones en los cuales se trataba de conciliar fe y razón. Se cometieron errores, se rectificaron caminos, pero se entregaron con entusiasmo y optimismo a la tarea, con la fuerza que da la convicción de saber que Razón y Revelación provienen de una misma fuente: El Dios Eterno. Y cuando se lanzaban a ese ímprobo trabajo lo hacían buscando glorificar a Dios a quien habían conocido en Jesucristo e invocaban como el *Padre nuestro que estás en los cielos*.

Creemos en la sinceridad de Santo Tomás de Aquino, no podemos dudar de su devoción e inteligencia. Sin embargo es él quien, sin querer, preparó el camino a la filosofía moderna cuando separó a la fe de la razón. El tiempo que le tocó vivir fue conflictivo, el aristotelismo musulmán de Averroes se extendía como una amenaza para la integridad de la fe cristiana y buscó un camino conciliador. Volvamos a Han Kung y su análisis del tema para hacerle justicia al teólogo de la escolástica:

> ... a Tomás de Aquino solo se le entiende cuando se ha entendido su decisión hermenéutico-metodológica de principio. Ésta consiste en la fundamental distinción de los modos de conocimiento, niveles de conocimiento y, por tanto, de las ciencias:

- Hay en el hombre dos diferentes modos de conocimiento (tendencias del conocimiento): se trata de analizar exactamente las posibilidades de la razón natural y las de la fe que procede de la gracia.

- Hay en el hombre dos diferentes niveles de conocimiento (perspectivas de conocimiento): se trata de distinguir exactamente lo que el hombre conoce, por así decir, «desde abajo», dentro de los límites de su horizonte de experiencias, y lo que conoce «desde arriba», desde la propia perspectiva de Dios a través de la inspiración de la sagrada Escritura; es decir, distinguir lo que pertenece a la esfera inferior de las verdades naturales y a la esfera superior, las de las verdades reveladas, sobrenaturales.

- Hay por tanto dos ciencias diferentes entre sí. Se trata de distinguir exactamente lo siguiente: ¿qué puede conocer por principio la filosofía y qué la teología? ¿Qué se debe aprender de Aristóteles, «el filósofo» (para ello están los comentarios a Aristóteles), y qué de la Biblia (para ello están los comentarios de la Biblia)?

A la razón del hombre le corresponde, pues, según Tomás, un gran ámbito en el que ella puede actuar por sí sola a través del conocimiento. Pues incluso la existencia y las propiedades de Dios, su calidad de creador, su providencia, la existencia del alma inmortal y muchos conocimientos en cuestiones de ética, son verdades naturales que el hombre puede llegar a conocer, e incluso a demostrar (demonstrare), sin la revelación, solo a través de la razón. ¿Y la fe? En rigor, es necesaria para acceder a determinadas verdades reveladas superiores, entre las que se hallan los misterios de la Trinidad o de la encarnación de Dios en Jesús de Nazaret, pero también el estado primigenio y el estado final; la caída y la redención del hombre y del mundo. Esas verdades trascienden la razón humana, son verdades no demostrables racionalmente; suprarracionales, lo que no debe confundirse con «verdades» irracionales, refutables racionalmente.

Cuando eclosiona la ciencia y se abre la nueva era de la modernidad, la razón toma un camino independiente, se va sintiendo soberana, se coloca por encima de la fe.

La aventura del pensamiento

Descartes nos propone el camino del razonamiento. Cree en Dios, pero los argumentos con los que quiere demostrar su existencia fueron, a lo largo de la historia, muchas veces refutados. Si creemos, siguiendo su pensamiento, que Dios existe porque podemos concebir la idea de perfección, estamos admitiendo también la perfección de nuestra razón para captar la verdad. ¿Por qué tenemos que creer que nuestra razón es perfecta y capta la verdad? El racionalismo contesta: Porque la ha dado Dios, que siendo perfecto no puede mentirnos. Entramos así en un círculo vicioso que es fácilmente refutable: Demuestro la existencia de Dios porque mi razón es perfecta, y mi razón es perfecta porque Dios existe. No pueden ser ambas cosas alternativamente causa y efecto.

Guiado solo por la razón el hombre pierde su dimensión: O admite su limitación y exclama con Sócrates *Solo sé que no sé nada* o se coloca en la posición de Dios y se entrega ciegamente a razonar. En éste último caso tiene un gran problema que resolver: ¿Es confiable su razón? ¿Por qué no aplicarle la duda metódica y dudar también de ella? ¿Por qué no incluyó Descartes a la razón entre todas las cosas de las que dudaba?

La caída del hombre en el principio lo afectó en su totalidad. También su razón ha sido afectada. Hay racionalistas que vaciados de toda objetividad afirman la existencia de Dios, como Descartes, pero también hay otros que siguiendo el mismo camino y usando el mismo instrumento la niegan.

La razón es una herramienta útil si admitimos su limitación, pero es demasiado débil como para ser el único punto de apoyo del conocimiento.

Otro tanto pasa con los empiristas. ¿Son confiables nuestros sentidos? ¿Podemos captarlo todo? Ernesto Sábato, que militó larga y brillantemente en las filas de la ciencia para recalar luego en la literatura, hace un comentario atinado aplicable a los empiristas:

> Supongamos que un ictiólogo quiere estudiar los peces del mar. Con ese fin, arroja su red al agua y extrae una cantidad de peces diferentes; repite la operación muchas veces, inspecciona su pesca, la clasifica; procediendo en la forma usual en la ciencia, generaliza sus resultados en forma de leyes:
> 1) No hay pez que tenga menos de cinco centímetros de largo.

2) Todos los peces tienen agallas.

Estas dos afirmaciones son correctas en lo que se refiere a su pesca y supondrá que seguirán siéndolo cada vez que repita la operación. El reino de los peces es el mundo físico, el ictiólogo es el hombre de ciencia; la red, el aparato cognoscente.

Dos espectadores observan al pescador sin decir nada, hasta que ha formulado sus leyes. Entonces uno hace el siguiente comentario:

—Usted afirma en su primera ley que no hay peces que tengan menos de cinco centímetros. Creo que esa conclusión es una mera consecuencia de la red que emplea para pescar; el cuadro de la red no es apto para pescar peces más cortos, pero de ahí usted no puede concluir que no hay peces más cortos.

El ictiólogo ha escuchado esta manifestación con desprecio, porque pertenece a la nueva clase de hombres de ciencia: opina que la ciencia debe ocuparse únicamente de lo que se puede observar. Responde:

—Cualquier cosa que no sea pescable con mi red está ipso facto fuera del conocimiento ictiológico y no me interesa. En otras palabras: llamo pez a lo que es capaz de pescar mi red, y no cabe duda que a esa clase de seres le viene muy bien mi primera ley. Los «peces»: que usted hace referencia son peces metafísicos. No me competen.

¿Son los sentidos «redes» perfectas? ¿Pueden captar la totalidad de las cosas? ¿Pueden por la percepción limitada de algunos particulares establecer los universales?

Racionalismo y empirismo tienen el mismo problema: son subjetivos. El juez final y definitivo que decreta la verdad, quién sentencia si Dios existe o no, es el individuo. ¿Puedo confiar en la perfección de la razón y la percepción humana aceptando sus conclusiones y veredictos como definitivos?

El pensamiento se vuelve antropocéntrico, es el hombre queriendo escalar una cima que lo ponga por encima de Dios. La antigua tentación persiste con su fascinación de antaño: **«Seréis como dioses...»** vuelve a susurrar la serpiente y siempre encuentra voluntades dispuestas a responder su propuesta.

¿Cuáles son las consecuencias del antropocentrismo? La filosofía posterior nos da la respuesta. Jorge Luis Borges, un agnóstico confeso y resignado sintetizaba en una conferencia sobre la inmortalidad el derrotero del pensamiento humanista:

> Para nosotros, ahora, esos conceptos del alma y del cuerpo son sospechosos. Podremos recordar brevemente la historia de la filosofía. Locke dijo que lo único existente son percepciones y sensaciones, y recuerdos y percepciones sobre esas sensaciones; que la materia existe y los cinco sentidos nos dan noticias de la materia. Y luego, Berkeley sostiene que la materia es una serie de percepciones y esas percepciones son inconcebibles sin una conciencia que las perciba. ¿Qué es el rojo? El rojo depende de nuestros ojos, nuestros ojos son un sistema de percepciones también. Después llega Hume, quien refuta ambas hipótesis, destruye el alma y el cuerpo.
>
> ¿Qué es el alma, sino algo que percibe, y qué es la materia, sino algo percibido? Si en el mundo se suprimieran los sustantivos, quedaría reducido a los verbos. Como dice Hume, no deberíamos decir yo pienso, porque yo es un sujeto; se debería decir se piensa, de igual forma que decimos llueve. En ambos verbos tenemos una acción sin sujeto. Cuando Descartes dijo pienso, luego soy, tendría que haber dicho: algo piensa, o se piensa, porque yo supone una entidad y no tenemos derecho a suponerla.

Jean-Paul Sartre decía que ningún punto limitado puede tener entidad si no tiene un punto eterno de referencia. El pensamiento autónomo del humanismo ha querido ignorar ese punto eterno de referencia, quiere ser autorreferencial y por ese camino pierde toda certeza de la realidad y de su propia entidad.

La presencia de Dios es la que da sentido y existencia real al ser. En la soledad del bosque cuando un árbol cae sin testigos, estamos seguros que el árbol cayó porque Dios es testigo, él lo estaba viendo y escuchando. Pero si voluntariamente aceptamos la ausencia de Dios nos deja como una única certeza la incertidumbre. Y ni siquiera eso porque ¿puedo tener certeza de mi incertidumbre?

Esa búsqueda de la verdad sin Dios desemboca en el escepticismo, pero como el hombre tiene que tomar decisiones, seguir viviendo, entonces se aboca a elaborar una ética. Pero sobre ese tembladeral del pensamiento es imposible elaborar una ética que se sostenga. Independientemente de su excelencia se derrumbará por falta de fundamento. Es la famosa frase de Dostoyevsky: *Si Dios no existe todo es posible*. La muerte de Dios es también el cataclismo del hombre.

Así lo entendió Nietzsche en *La gaya ciencia* cuando luego de decir *Dios ha muerto, lo hemos matado nosotros*, anunciando una etapa de descreimiento, alcanza a ver las consecuencias que este cataclismo tendrá para la sociedad:

¿Cómo pudimos vaciar el mar? ¿Quién nos dio la esponja para borrar el horizonte? ¿Qué hemos hecho después de desprender la tierra de la cadena de su sol? ¿Dónde la conducen ahora sus movimientos? ¿A dónde la llevan los nuestros? ¿Es que caemos sin cesar? ¿Vamos hacia delante, hacia atrás, hacia algún lado, erramos en todas direcciones? ¿Hay todavía un arriba y un abajo? ¿Flotamos en una nada infinita? ¿Nos persigue el vacío con su aliento? ¿No sentimos frío? ¿No veis el continuo acercarse de la noche cada vez más cerrada?

Esas sombras anticipadas por Nietzsche se extendieron durante todo el siglo veinte sobre la humanidad. Un obstinado y soberbio ateísmo fue la característica de la mayoría de sus pensadores.

Los existencialistas, comprometidos con el hombre real, son los que reflejan con mayor precisión los resultados del humanismo ateo. Sartre escribe con valentía en su madurez —tenía cincuenta y nueve años— sobre estas consecuencias:

> [...] el ateísmo es una empresa cruel y de largo aliento: creo que la he llevado hasta el fondo [...] desde hace unos diez años soy un hombre que se despierta, curado de una amarga y dulce locura y que no puede darse cuenta ni puede recordar sin reírse de sus antiguos errores y que ya no sabe qué hacer con su vida.

Una confesión que tiene que valorarse por su sinceridad, pero que debe analizarse a la luz de un episodio que relata sobre su niñez, cuando al intentar una primaria relación con Dios, se frustra. Recordando aquel momento dice:

> Hoy, cuando me hablan de Él, digo con la diversión sin pena de un viejo enamorado que se encuentra con su vieja enamorada: «Hace cincuenta años, sin ese mal entendido, sin esa equivocación, sin el accidente que nos separó, podría haber habido algo entre nosotros».

La sinceridad de Sartre es loable, muestra sin tapujos la resignada angustia de su corazón con nostalgias de eternidad, necesita esas respuestas que vienen a nosotros a través de la fe y contestan los interrogantes que van más allá de nuestra vida.

Visitaba la Catedral de Colonia, en Alemania. Cobijado bajo las nervaduras de los arcos ojivales, iluminado por el reflejo de los gigantescos vitrales, sentí una profunda emoción y pensé en esos hombres que labraban piedras, construían arbotantes y cincelaban estatuas esperanzados en que sus nietos o biznietos serían sus continuadores. Una visión trascendente de la vida, totalmente opuesta a la que hoy tenemos.

Recordé a Jean Gimpel que en su obra *Los Constructores de Catedrales* dice:

> En el lapso de tres siglos, de 1050 a 1350, Francia extrajo muchos millones de toneladas de piedras para edificar ochenta catedrales [...] Francia acarreó más piedras en estos tres siglos que el antiguo Egipto en cualquier período de su historia, y eso que la Gran Pirámide tiene, ella sola, un volumen de dos millones y medio de metros cúbicos.

Pensé en esos hombres que movilizados por la fe, con una tecnología elemental, acarreaban y labraban primorosamente esas piedras para la gloria de Dios y sentí que en nuestra cultura algo se había perdido: El fuego sagrado que encendía el corazón de esos hombres, que les daba conciencia de eternidad y los movilizaba para esas tareas ciclópeas.

El intento de apagar esa llama, de quitar al Absoluto Dios y vaciarnos de valores absolutos, nos ha llevado a un estado de confusión espiritual, angustia, sin sentido de la vida y de fragmentación social, cuyas consecuencias se hacen visibles todos los días.

¿Cómo termina esta aventura del pensamiento? ¿Podemos albergar alguna esperanza de salida? ¿Nuestra visión tiene que ser forzosamente catastrófica? ¿No existe posibilidad de retorno?

Al pesimismo queremos contestar con la visión esperanzada de Ortega y Gasset:

> En la órbita de la Tierra hay perihelio y afelio: un tiempo de máxima aproximación al Sol y un tiempo de máximo alejamiento. Un espectador astral que viese a la Tierra en el momento en que huye del Sol pensaría que el planeta no había de volver nunca junto a él, sino que cada día, evinternamente, se alejaría más. Pero si espera un poco,

La aventura del pensamiento

verá que la Tierra, imponiendo una suave inflexión a su vuelo, encorva su ruta, volviendo pronto junto al Sol, como la paloma al palomar y el boomerang a la mano que lo lanzó. Algo parecido acontece en la orbita de la historia con la mente respecto a Dios. Hay épocas de odium Dei, de gran fuga de lo divino, en que esa enorme montaña de Dios llega casi a desaparecer del horizonte. Pero al cabo vienen sazones en que súbitamente, con la gracia intacta de una casta virgen, emerge a sotavento el acantilado de la divinidad. La hora de ahora es de este linaje y procede a gritar desde la cofa: ¡Dios a la vista!

Creo que estamos dando algunos pasos que podrían calificarse como tibiamente alentadores. Comenzó en los últimos años del siglo veinte una búsqueda rudimentaria de realidades que fueran más allá de lo racional. Es verdad que renació mucho del pensamiento mágico más primitivo, pero el hombre racional de principios de siglo pasado comenzó a admitir en las postrimerías la necesidad de una realidad que fuera suprarracional. Confío y anhelo que está búsqueda —todavía en medio de oscuridad— vaya llevando a muchos hacia una fe genuina y trascendente.

El mito de Teseo

La mitología griega reúne gran cantidad de relatos que han pertenecido a la imaginación de occidente desde los orígenes de la cultura. Una de estas historias es la de Teseo y el Minotauro:

Minos, el poderoso rey de Creta, había desobedecido a Poseidón, el dios del mar. No había realizado el sacrificio anual que el dios solicitaba. Enfurecido, Poseidón decidió castigarlo: su mujer Pasifae concibió un hijo monstruoso, mitad hombre y mitad toro a quien llamaron Minotauro. Para evitar la deshonra, el rey Minos pidió al sabio Dédalo que construyera una prisión para el monstruo. Dédalo inventó un laberinto inexpugnable: ninguna persona que entrase lograba encontrar nuevamente la salida. En el centro del laberinto, Minos colocó al Minotauro. Para alimentarlo obligó a los atenienses a tributar cada nueve años siete muchachos y siete doncellas que eran introducidos al laberinto para ser devorados por el monstruo.

En una ocasión Teseo debió llevar el tributo y tuvo la desgracia de enemistarse con el rey Minos, quien lo eligió para que sea uno de los jóvenes que penetraría en el laberinto.

Pero la hija de Minos, Ariadna, se había enamorado de Teseo, así que juntos tramaron un plan para acabar con la vida del monstruo. El problema principal era cómo salir del laberinto. Ariadna aportó la solución: antes de que se marchara Teseo, ella le entregaría la punta de un hilo mágico que el sabio Dédalos le había entregado, y ella se quedaría con el resto del ovillo. El héroe penetraría en el laberinto, daría muerte al monstruo y luego enrollaría el hilo hasta llegar nuevamente a Ariadna.

Así lo hicieron y Teseo logró liberar a los atenienses del duro tributo al que estaban sometidos.

La aventura del pensamiento

Bibliografía

Abbagnano, Nicolás. *Introducción al existencialismo*. México: Fondo de Cultura Económica, 1962.

Agustín de Hipona. *Confesiones*. Madrid: Espasa Calpe, 1965.

Aristóteles. *Política*. Madrid: Gredos S.A., 2000.

Barylco, Jaime. *La filosofía*. Buenos Aires: Planeta, 1997.

Bernabé, Alberto. *De Tales a Demócrito*. Madrid: Alianza S.A., 1988.

Biemel, Walter. *Sartre*. Barcelona: Salvat S.A., 1985.

Blumenberg, Werner. *Marx*. Barcelona: Salvat S.A., 1984.

Bobbio, Norberto. *El existencialismo*. México: Fondo de Cultura Económica, 1974.

Bochensky, I. M. *La filosofía actual*. México: Fondo de Cultura Económica, 1969.

Borges, Jorge Luis. *Borges oral*. Madrid: Alianza Editorial S.A., 1998.

Brun, Jean. *Platón y la Academia*. Buenos Aires: Eudeba, 1981.

Brun, Jean. *Aristóteles y el Liceo*. Buenos Aires: Eudeba, 1985.

Bullock, Alan. *La tradición humanista en occidente*. Madrid: Alianza S.A., 1989.

Ch. Eucken, Rudolf. *Los grandes pensadores*. Buenos Aires: Hyspamérica Ediciones Argentinas S.A., 1984.

Descartes, Renato. *Discurso del método*. Buenos Aires: Sopena, 1964.

Fatone, Vicente. *El hombre y Dios*. Buenos Aires: Columba, 1963.

Fatone, Vicente. *Lógica y teoría del conocimiento*. Buenos Aires: Kapeluz, 1951.

Frenzel, Ivo. *Nietzsche*. Barcelona: Salvat S.A., 1985.

Gambra, Rafael. *Historia sencilla de la filosofía*. Madrid: Ediciones Rialp S.A., 1999.

García Morente, Manuel. *Lecciones preliminares de filosofía*. Buenos Aires: Losada S. A., 1965.

Grondona, Mariano. *Bajo el imperio de las ideas morales*. Buenos Aires: Sudamericana, 1987.

Grondona, Mariano. *Los pensadores de la libertad*. Buenos Aires: Sudamericana, 1987.

Guthrie, W. K. C. *Los filósofos griegos*. México: Fondo de Cultura Económica, 1970.

Gutiérrez M., Abraham. *Filosofía antigua y medieval*. Quito: Editorial Andina, 1990.

Gutiérrez M., Abraham. *Filosofía contemporánea*. Quito: Editorial Andina, 1990.

Gutiérrez M., Abraham. *Filosofía moderna*. Quito: Editorial Andina, 1990.

Harnecker, Marta. *Los conceptos elementales de materterialismo histórico*. Buenos Aires: Siglo XXI, 1973.

Hegel, Georg. *Introducción a la historia de la filosofía*. Madrid: Sarpe S.A., 1985.

Hirschberger, Johannes y Martínez Gómez, Luis. *Hitos en el mundo del pensamiento*. Barcelona: Editorial Herder, 1968.

Jasper, Karl. *La filosofía*. México: Fondo de Cultura Económica, 1996.

Jiménez Moreno, Luis. *Nietzsche*. Barcelona: Labor S.A., 1972.

Kierkegaard, Sören. *Mi punto de vista*. Madrid: Aguilar, 1966.

Kierkegaard, Sören. *Temor y temblor*. Buenos Aires: Hyspamérica, 1985.

Kierkeggard, Sören. *La enfermedad mortal*. Madrid: Sarpe S.A., 1984.

Küng, Hans. *¿Existe Dios?* Madrid: Ediciones Cristiandad, 1979.

Küng, Hans. *Grandes pensadores cristianos*. Madrid: Trotta S.A., 1995.

Lefebre, Henri. *Nietzsche*. México: Fondo de Cultura Económica, 1972.

Lloyd, G. E. R. *De Tales a Aristóteles*. Buenos Aires: Eudeba, 1977.

Marcel, Gabriel. *El misterio del ser*. Buenos Aires: Sudamericana, 1964.

Marías, Julián. *Historia de la Filosofía*. Madrid: Revista de Occidente S.A., 1974.

Massuh, Víctor. *Agonías de la razón*. Buenos Aires: Sudamericana, 1994.

Massuh, Víctor. *Nihilismo y experiencia extrema*. Buenos Aires: Sudamericana, 1975.

Massuh, Víctor. *Nietzsche y el fin de la religión*. Buenos Aires: Sudamericana, 1969.

Mondolfo, Rodolfo. *Breve historia del pensamiento antiguo*. Buenos Aires: Losada S.A., 1989.

Mondolfo, Rodolfo. *Sócrates*. Buenos Aires: Eudeba, 1996.

Müdler-Armack, Alfred. *El siglo sin Dios*. México: Fondo de Cultura Económica, 1968.

Nietzsche, Federico. *La gaya ciencia*. México: Editorial Alba, 1999.

Ortega y Gasset. *¿Qué es la filosofía?* México: Porrúa, 1996.

Platón, República. Buenos Aires: *Eudeba*, 1963.

Platón. *Diálogos*. Madrid: Gredos S.A., 2000.

Poncela, S. Serrano. *El pensamiento de Unamuno*. México: Fondo de Cultura Económica, 1964.

Rivas, Humberto y Vadillo, Guillermo César. *La libertad de pensamiento en el Renacimiento*. Buenos Aires: El Gato, 1996.

Romero, José Luis. *La cultura occidental*. Buenos Aires: Alianza, 1994.

Sábato, Ernesto. *Obra completa: Ensayos*. Buenos Aires: Seix Barral, 1996.

Sartre, Jean-Paul. *Las palabras*. Buenos Aires: Losada S.A., 1964.

Schaeffer, Francis A. *Él está presente y no está callado*. Barcelona: Logoi, 1974.

Schaeffer, Francis A. *Huyendo de la razón*. Barcelona: Ediciones Evangélicas Europeas, 1969.

Tertuliano. *El apologético*. Madrid: Ciudad Nueva, 1997

Unamuno, Miguel. *Del sentimiento trágico de la vida*. Madrid: Planeta – De Agostini, 1993.

Vadillo, Guillermo César y Dellutri, Salvador. *Mano a mano con la esperanza*. Buenos Aires: La Hoja, 2000.

Vadillo, Guillermo César. *Reflexiones al fin del milenio*. Buenos Aires: La Hoja, 1999.

Vasallo, Ángel. *¿Qué es la filosofía?* Buenos Aires: Losada S.A., 1982.

Venturini, Jorge L. García. *Politeia*. Buenos Aires: Troquel, 1979.

Wahl, Jean. *Introducción a la filosofía*. México: Fondo de Cultura Económica, 1993.

Weber, Max. *La ética protestante*. Madrid: Sarpe, 1984.

La aventura del pensamiento

La aventura del pensamiento

La aventura del pensamiento

Guía de estudio

LA AVENTURA DEL PENSAMIENTO

Una introducción al fascinante mundo
de la filosofía occidental

Salvador Dellutri

Guía preparada por
Richard Ramsay y LOGOI/FLET

La aventura del pensamiento

Este libro forma parte de un programa de estudios bíblicos, teológicos y prácticos producido por el ministerio LOGOI/FLET. Cada curso FLET (Facultad Latinoamericana de Estudios Teológicos) se puede realizar ya sea en forma individual o en grupo. El libro sirve como el texto para el curso e incluye una Guía de estudio con ocho lecciones para el estudiante y una Guía para el facilitador para los que opten estudiar en grupo. Este programa también ofrece la oportunidad de establecer un seminario en su iglesia.

Este curso se puede usar en cualquier iglesia local y por cualquier persona que desee aprender. Sin embargo, la iglesia o el estudiante que desee reconocimiento oficial de FLET tendrá que pagar un costo y tomar un examen. El estudiante que desee tomar el examen del curso y recibir un certificado de FLET, o el pastor o líder que quiera establecer un seminario en su iglesia debe escribir a ayuda@logoi.org o contactar a la sede de LOGOI/FLET:

Ministerios LOGOI
www.logoi.org
ayuda@logoi.org
Miami, Florida
(305) 232-5880

Cómo hacer el estudio

Este libro sirve como el texto para el curso e incluye una Guía de estudio con ocho lecciones para el estudiante y una Guía para el facilitador para los que opten estudiar en grupo.

Existen dos formas de tomar un curso FLET:
1. Cursos individuales: El alumno estudia independientemente, a su propio ritmo —aunque a veces para completar los retos (o tareas) requerirán la ayuda de amistades o líderes de la iglesia.
2. Cursos en grupo: Un facilitador puede reunir a 5-10 estudiantes para formar un grupo de estudio.

NOTA: Si el estudiante o el grupo desea obtener reconocimiento oficial de FLET, se debe contactar la sede de LOGOI a ayuda@logoi.org o (305) 232-5880 para mayor información acerca de los cursos y descuentos para grupos.

Instrucciones

Cada curso tiene sus propias metas y un objetivo. Las metas expresan lo que el estudiante debe alcanzar en las áreas de conocimiento, emociones/motivación y acción —las metas cognitivas, afectivas, y volitivas, respectivamente. El objetivo comunica lo que el estudiante hará para lograr las metas enumeradas. Las ocho lecciones programadas (con sus propias metas, objetivo e instrucciones) contribuyen a, y coordinan con el propósito global del curso.

El curso también tiene actividades o tareas para cumplir y un proyecto principal diseñado para que el estudiante obtenga el conocimiento y las habilidades propias del curso. Por ejemplo, el estudiante que tome el curso de predicación tendrá que preparar ya sea un sermón o discurso y presentarlo delante de una audiencia.

El estudiante completará cada lección según sus instrucciones. Leerá el material de lectura indicado, responderá a las preguntas en la Guía de Estudio, y realizará las tareas según los pasos indicados e instrucciones dadas. Estas se deben completar antes de llegar a la reunión del grupo de estudio — con excepción de ejercicios o tareas que se realizarán durante la reunión propia.

Los que deseen reconocimiento oficial de FLET deberán pagar un costo y tomar un examen. Este examen ayudará al estudiante saber si o no ha captado y comprendido las enseñanzas esenciales del curso. Se hace en línea y se puede tomar hasta tres veces.

Los requisitos para aprobar el curso y recibir un certificado se calculan así:

Leer el libro de texto: 25%
Completar la guía de estudio: 25%
Realizar el proyecto: 25%
Aprobar el examen: 25%

Sólo el examen final recibirá una calificación numérica. Para obtener el certificado, el estudiante debe aprobar el examen con una calificación mínima de 70%. El facilitador se encargará de verificar que se hayan cumplido los otros requisitos del curso. En el caso del estudiante individual, el pastor (u otro líder de la iglesia) confirmará que todo se ha completado. El pedir tomar el examen final a la sede de FLET da por sentado e indica que los otros requisitos se han cumplido.

Descripción del curso

Este curso analiza el pensamiento filosófico occidental del periodo comprendido desde los griegos hasta Sartre, desde el punto de vista cristiano. Se usa como texto principal el libro titulado La aventura del pensamiento: una introducción al mundo de la filosofía, por Salvador Dellutri.

Metas y objetivos

Metas

1. (Cognitiva) El alumno conocerá los conceptos clave de los filósofos más destacados de la historia occidental, y reconocerá sus similitudes y diferencias con las enseñanzas bíblicas.

2. (Afectiva) El alumno desarrollará una actitud crítica constructiva que le permita analizar los conceptos de la filosofía, mediante la búsqueda de lo positivo y lo negativo en ellos, de acuerdo con pautas bíblicas.
3. (Conducta/volitiva) El alumno evaluará una figura o concepto filosófico a la luz de la verdad cristiana.

Objetivo

El alumno seleccionará una figura (o movimiento filosófico) y hará una presentación (que representa el proyecto del curso) de no mas de 15 minutos que provea un resumen que incluya:
1. Nombre de la persona o movimiento.
2. Creencia o perspectiva filosófica.
3. Evaluación cristiana:
   a. Lo bueno o útil
   b. Lo negativo

NOTA: Para la primera reunión (o antes de empezar la primera lección) el estudiante debe repasar el libro y elegir la figura o movimiento filosófico que utilizará en su presentación. El estudiante en grupo, junto con el facilitador, deberá programar la fecha de su presentación ante el grupo. El estudiante individual deberá hacer su presentación delante de por lo menos dos amigos o líderes de su iglesia. La presentación debe ser completada antes (o para) la última lección.

Requisitos para completar el curso

El alumno:
1. Leerá el texto La aventura del pensamiento: una introducción a la filosofía, por Salvador Dellutri.
2. Completará la Guía de Estudio.
3. Completará su proyecto sobre una figura o movimiento filosófico (objetivo).
4. Presentará un examen final (requisito para los que deseen reconocimiento oficial de FLET).

Programa de tareas específicas

El curso esta diseñado para ser completado en 8 semanas. El estudiante deberá seguir el plan de tareas indicado a continuación:

Semana 1
1. Leer la introducción y capítulo 1 (Filosofía griega: los presocráticos).
2. Contestar las preguntas de repaso y estudiar las ilustraciones gráficas de la lección 1.
3. Repasar el libro y elegir la figura o movimiento filosófico que utilizará en su presentación.

Semana 2
1. Leer capítulos 2 y 3 (Los sofistas y Sócrates, y Platón).
2. Contestar las preguntas de repaso y estudiar las ilustraciones gráficas de la lección 2.
3. Los estudiantes programados harán su presentación ante el grupo.

Semana 3
1. Leer capítulos 4 y 5 (Aristóteles y la filosofía grecorromana).
2. Contestar las preguntas de repaso y estudiar las ilustraciones gráficas de la lección 3.
3. Los estudiantes programados harán su presentación ante el grupo.

Semana 4
1. Leer capítulos 6 y 7 (Irrupción del cristianismo y Agustín).
2. Contestar las preguntas de repaso y estudiar las ilustraciones gráficas de la lección 4.
3. Los estudiantes programados harán su presentación ante el grupo.

Semana 5
1. Leer capítulos 8 y 9 (Aquino, y racionalismo y empirismo).
2. Contestar las preguntas de repaso y estudiar las ilustraciones gráficas de la lección 5 .
3. Los estudiantes programados harán su presentación ante el grupo.

Semana 6

1. Leer capítulos 10 y 11 (La existencia de Dios y el problema moral, Hegel y Kierkegaard).
2. Contestar las preguntas de repaso y estudiar las ilustraciones gráficas de la lección 6.
3. Los estudiantes programados harán su presentación ante el grupo.

Semana 7
1. Leer capítulos 12 y 13 (Feuerbach, Marx y Engel, Comte y Nietzsche).
2. Contestar las preguntas de repaso y estudiar las ilustraciones gráficas de la lección 7.
3. Los estudiantes programados harán su presentación ante el grupo.

Semana 8
1. Leer capítulo 14 (Heidegger y Sartre) y la conclusión. Contestar las preguntas de repaso y estudiar las ilustraciones gráficas de la lección 8.
2. Los estudiantes programados harán su presentación ante el grupo.

Examen final

Los que deseen reconocimiento oficial de FLET deberán pagar un costo y tomar un examen. Este examen ayudará al estudiante saber si o no ha captado y comprendido las enseñanzas esenciales del curso. Se hace en línea y se puede tomar hasta tres veces.

Libros recomendados para lectura adicional

El alumno puede seleccionar textos de la bibliografía presentada por el autor al final del texto.

Para una historia de la filosofía, recomendamos especialmente:

Marías, Julián. *Historia de la filosofía*. Madrid: Revista de Occidente, S.A., 1974, también publicado por Alianza Universidad Textos.

Para un análisis cristiano de la filosofía, recomendamos especialmente:

Schaeffer, Francis. *Él está presente y no está callado*. Barcelona: Logoi, 1974.

Schaeffer, Francis. *Huyendo de la razón*. Barcelona: Ediciones Evangélicas Europeas, 1969.

Quisiéramos agregar otros libros como posible lectura adicional, que no están en la bibliografía del autor:

Gaarder, Jostein. *El mundo de Sofía*. Madrid: Siruela. El autor de este libro utiliza la forma de una novela y el diálogo con una niña llamada Sofía para explicar de una manera creativa y simple la historia de la filosofía.

Giannini, Humberto. *La breve historia de la filosofía*. Santiago de Chile.

Los filósofos modernos; selección de textos, ed. Clemente Fernández, dos volúmenes. Madrid: BAC (Biblioteca de Autores Cristianos), 1976.

Lección 1
(Introducción y capítulo 1: Los presocráticos)

Preguntas de repaso
1. ¿A quién se le atribuye el haber inventado la palabra «filosofía»?
2. ¿Cuál es el objeto de la filosofía?, según Dellutri.
3. ¿Sobre qué reflexionaban los primeros filósofos griegos?
4. ¿Cuál fue el planteamiento de Tales con respecto al origen de todo?
5. Según Anaximandro, ¿de qué proviene todo?
6. Según Anaxímenes, ¿cuál era la sustancia original?
7. ¿Cuál fue el punto más destacado de la filosofía de Heráclito?
8. ¿Qué quería decir Pitágoras cuando decía, «todo es número»?
9. ¿En qué sentido Parménides no está de acuerdo con la idea de que todo cambia?
10. Según Empédocles, ¿cuáles son las sustancias fundamentales que constituyen el principio de todas las cosas?

Dibujos explicativos
Estos dibujos o gráficas han sido diseñados a fin de proveerle una manera sencilla de recordar algunas de las enseñanzas esenciales de esta lección.

La aventura del pensamiento

Explicación: Tales de Mileto, el primer filósofo griego, está representado por un hombre cuya figura representa la letra T. Esta figura apunta a una gota de agua porque Tales sostenía que el elemento fundamental del universo era el agua (o la humedad).

Explicación: Heráclito representado por un hombre cuyo cuerpo en movimiento representa la letra «H» decía que todo estaba en constante movimiento. Afirmaba que «nunca te bañas en el mismo río», porque el río está cambiando constantemente.

Preguntas para reflexión

a. ¿Por qué es importante para los cristianos estudiar la filosofía?

b. ¿Cree usted que todo está en constante movimiento, como decía Heráclito? ¿Cómo afectará a una persona saber que todo está cambiando continuamente? ¿Cree que le haría perder la seguridad del conocimiento? ¿Cuál es nuestra respuesta como cristianos? ¿Cómo logramos tener la seguridad de nuestro conocimiento?

c. ¿En qué aspectos podemos aplaudir a los filósofos estudiados en esta lección? ¿En qué aspectos estaban equivocados?

d. ¿Ha encontrado conceptos de los filósofos estudiados en esta lección en algunas religiones o ideologías hoy en día? ¿En qué sentido? ¿Dónde?

e. Imagine un diálogo con alguien que sostiene el postulado de Heráclito acerca del constante cambio. ¿Cómo trataría de mostrarle su error y mostrarle la verdad del evangelio?

Lección 2
(Capítulos 2 y 3: Los sofistas, Sócrates, y Platón)

Preguntas de repaso

1. ¿Qué concepción de la «virtud» llegaron a tener los sofistas?
2. ¿Qué sostenía Protágoras?
3. ¿En que consistía la metodología mayéutica de Sócrates?
4. ¿Qué afirmaba Sócrates acerca de la posibilidad del conocimiento?
5. ¿Por qué se enojaron los atenienses con Sócrates y lo condenaron a beber la cicuta?
6. ¿Cómo son los dos mundos contrapuestos, según Platón?
7. ¿Cómo ilustra Platón la situación del hombre en el mito de las cavernas, y qué significa?
8. Según Platón, ¿de qué está compuesto el hombre?
9. Según Platón, ¿cómo puede tener conocimiento el alma?
10. ¿Quiénes eran los sofistas? (¿Cuál es la teoría de la anamnesis?)

Dibujos explicativos

Estos dibujos o gráficas han sido diseñados a fin de proveerle una manera sencilla de recordar algunas de las enseñanzas esenciales de esta lección.

Sócrates:
sólo
sé que no
sé nada

Explicación: Sócrates decía «Sólo sé que no sé nada».

Explicación: Platón, representado por la figura de un hombre formando la letra P y que además está levantando un plato de ideas, elevaba las ideas como verdaderas, eternas, y perfectas, y rebajaba lo material como solamente sombras imperfectas de la realidad.

Preguntas para reflexión

a. ¿Cómo entiende usted la analogía de la caverna de Platón? ¿Qué significan los diferentes aspectos de la ilustración?

b. ¿En qué aspectos podemos aplaudir a los filósofos estudiados en esta lección? ¿En qué aspectos estaban equivocados?

c. ¿Ha encontrado conceptos de los filósofos estudiados en esta lección en algunas religiones o ideologías de hoy en día? ¿En qué sentido? ¿Dónde?

d. Imagine un diálogo con alguien que sostiene el postulado de Sócrates: «Sólo sé que no sé nada». ¿Cómo trataría de mostrarle su error y mostrarle la verdad del evangelio?

Lección 3
(Capítulos 4 y 5: Aristóteles, y la filosofía grecorromana)

Preguntas de repaso

1. ¿Qué persona famosa fue alumno de Aristóteles?
2. ¿Cuál fue la ciencia del pensamiento cuyas reglas fueron ordenadas y clasificadas por Aristóteles?
3. ¿Cuál es la diferencia entre lo que afirma Platón y lo que afirma Aristóteles acerca de los *universales*?
4. Según Aristóteles, ¿cuál es el fin principal, o el bien supremo, del hombre?
5. ¿Cómo define la *virtud* Aristóteles?
6. ¿Cuál es el concepto aristotélico de *dios*?
7. Nombre las tres corrientes filosóficas en Grecia después de Aristóteles.
8. ¿Qué concepto tenía Epicuro de la felicidad?
9. ¿Qué concepto tenían los estoicos de la felicidad?
10. ¿Cuál fue la idea central de los escépticos?

NOTA: Un ejemplo para explicar la lógica de Aristóteles es la figura de un triángulo. Por observación, se nota que todos los triángulos constan de tres ángulos que en total suman 180 grados. Entonces (por lógica inductiva) todos los triángulos deben componerse de tres ángulos que sumen 180 grados. Luego, al observar un nuevo triángulo, se deduce (por silogismo) que sus ángulos también suman 180 grados, sin necesidad de medirlos. Así se usa la lógica para llegar al conocimiento.

Silogismo:
1. Los triángulos tienen 180 grados. (la premisa mayor)
2. Esta figura es un triángulo. (la premisa menor)

3. Esta figura tiene 180 grados. (la conclusión) (Ver gráfico abajo.)

Dibujos explicativos

Estos dibujos o gráficas han sido diseñados a fin de proveerle una manera sencilla de recordar algunas de las enseñanzas esenciales de esta lección.

Explicación: Aristóteles creía que las cosas individuales observables (representadas por las letras «x» debajo de la letra «A») eran las únicas cosas que existían, y no las ideas. Usaba la lógica para llegar al conocimiento. Ejemplo: si en todos los triángulos sus ángulos suman 180 grados, en cualquier triángulo sus ángulos también deben sumar 180 grados. Ver nota arriba.

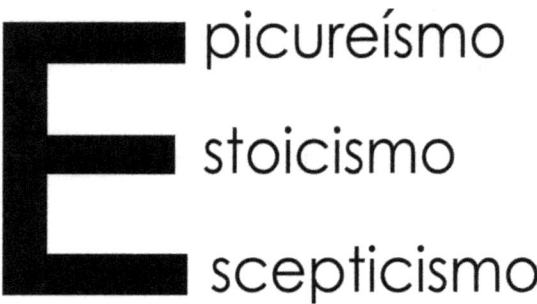

Explicación: Las tres escuelas filosóficas griegas después de Aristóteles eran el epicureísmo, el estoicismo, y el escepticismo.

Preguntas para reflexión

a. ¿Cuál de los dos tenía más razón: Platón o Aristóteles? ¿Por qué?

b. ¿Quiénes tenían más razón: los epicúreos o los estoicos? ¿Por qué?

c. ¿En qué aspectos podemos aplaudir a los filósofos estudiados en esta lección? ¿En qué aspectos estaban equivocados?

d. ¿Hasta qué punto podemos confiar en la lógica? ¿Cuál es el límite de la lógica humana? ¿Por qué?

e. ¿Ha encontrado conceptos de los filósofos estudiados en esta lección en algunas religiones o ideologías de hoy en día? ¿En qué sentido? ¿Dónde?

f. Imagine un diálogo con alguien que sostiene el postulado de Epicuro: el fin principal del hombre es la felicidad. ¿Cómo trataría de mostrarle su error y mostrarle la verdad del evangelio? (Haga lo mismo con un estoico y un escéptico).

Lección 4
(Capítulos 6 y 7: La irrupción del cristianismo, y Agustín)

Preguntas de repaso

1. ¿Con qué grupos filosóficos se encontró Pablo en Atenas?
2. ¿Cuál fue la idea central de la filosofía de Filón de Alejandría?
3. ¿En qué sentido Plotino se mantenía unido al pensamiento platónico?
4. Según Dellutri, ¿el neoplatonismo realmente revitalizó la antigua filosofía de Platón?
5. ¿Cuál era el planteamiento en general de los Padres de la Iglesia acerca de la relación entre la filosofía y la fe cristiana?
6. Según Agustín, ¿cuál es la relación entre la fe y la razón?
7. ¿Cómo difiere el planteamiento de Agustín acerca del conocimiento de la teoría de la reminiscencia de Platón?
8. ¿Cuál fue el propósito de Agustín al escribir *La ciudad de Dios*?
9. ¿Cuál es la frase famosa de Agustín con respecto a la ética del amor recto?
10. ¿Durante la transición de qué dos culturas vivió Agustín?

Dibujos explicativos

Estos dibujos o gráficas han sido diseñados a fin de proveerle una manera sencilla de recordar algunas de las enseñanzas esenciales de esta lección.

Explicación: Filón trataba de mantenerse en el «filo» del pensamiento, entre la filosofía platónica y la enseñanza del Antiguo Testamento. Le llamaban el «Platón judío».

Dios es "augusto"; ilumina la mente.

("Creo para entender".)

Explicación: Agustín apuntaba a Dios. Creía que Dios era «augusto» (soberano y majestuoso). Decía que podemos saber la verdad porque Dios ilumina nuestra mente. Ponía la fe antes de la razón; decía «creo para entender».

Preguntas para reflexión

a. ¿Qué opina usted? ¿Cuál es la relación entre la razón y la fe? ¿Cuál viene primero? ¿Por qué?
b. ¿Qué opina de la frase de Agustín: «Ama y haz lo que quieras»? ¿Por qué?
c. ¿Qué opina de la teoría de Agustín de que la historia universal es una lucha entre el Reino de Dios y el Reino de la Tierra? ¿Cómo debemos interpretar eventos históricos importantes como cristianos? (Tome algún ejemplo de un evento actual, como por ejemplo, la destrucción de las torres gemelas en Nueva York el 11 de septiembre del año 2001, u otro evento, y trate de interpretarlo a la luz de la Biblia.)

Lección 5
(Capítulos 8 y 9: Tomás de Aquino, y racionalismo y empirismo)

Preguntas de repaso
1. ¿Cuál fue el argumento ontológico de Anselmo para la existencia de Dios?
2. ¿Cuál es la diferencia entre las filosofías de Anselmo y de Abelardo con respecto a la relación entre la fe y la razón en el proceso del conocimiento?
3. Nombre los cinco argumentos de Tomás de Aquino para la existencia de Dios, con una breve explicación de cada uno.
4. ¿Cuál es la respuesta de Tomás de Aquino a la pregunta acerca de relación entre la fe y la razón?
5. ¿Cómo era el ambiente del Renacimiento en que se inició la época «moderna»?
6. ¿Cuál era la conclusión de Descartes en su búsqueda del conocimiento, al usar el método de descartar todo lo que pudiera dudar?
7. ¿Cuáles son los dos factores que caracterizan el pensamiento de Descartes?
8. ¿Qué sostenía Locke acerca del conocimiento, en contraste con Descartes?
9. ¿Qué decía el empirista Hume acerca de la percepción, en contraste con Locke?
10. ¿Cómo trató Kant de terminar la discusión entre los racionalistas y los empiristas?

Dibujos explicativos

Estos dibujos o gráficas han sido diseñados a fin de proveerle una manera sencilla de recordar algunas de las enseñanzas esenciales de esta lección.

Explicación: Tomás de Aquino (pronunciado en la figura como «aquí-no») dividía el conocimiento en dos categorías, o dos «pisos»: verdades de la naturaleza captadas por la razón (el primer piso de la «A»), y verdades de la revelación captadas por la fe (el segundo piso de la «A»). Cada instrumento de conocimiento (la razón y la fe) tiene su propio terreno (la naturaleza y la revelación, respectivamente). Por lo tanto, en el primer piso de la razón, Aquino dice «¡Aquí-no!» a la *fe*, y en el segundo piso de la fe, Aquino dice «¡Aquí-no!» a la *razón*.

La aventura del pensamiento

Método:
  Descarte todo lo que pueda dudar.
Conclusión:
  "Cógito ergo sum" ("Pienso, luego existo)

Explicación: El método racionalista de Descartes era: «Descarte» todo lo que pueda dudar. Su conclusión era que no podía dudar que estuviera dudando, y que por lo tanto él existía. («Cogito ergo sum», pienso luego existo.)

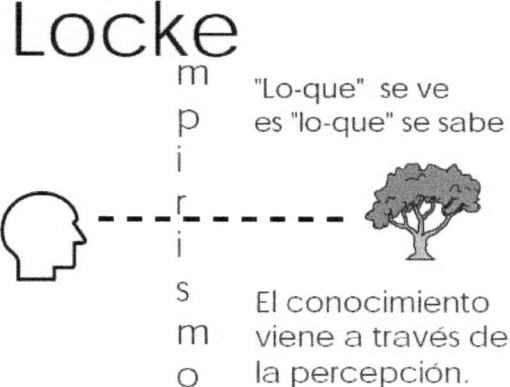

Explicación: Locke era empirista. (En inglés su nombre se pronuncia «Loc», pero en español sería pronunciado literalmente «Lo-que».) Pensaba que el conocimiento venía a través de la percepción. («**Lo-que** se ve es **lo-que** se sabe».)

Preguntas para reflexión

a. ¿Qué opina de los argumentos de Tomás de Aquino para la existencia de Dios? ¿Son válidos?

b. ¿Qué opina usted de lo que sostenía Aquino acerca de la relación entre la fe y la razón?

c. ¿Cuales son algunas consecuencias prácticas de esta separación de la fe y la razón que se ven en la vida de la gente hoy?

d. ¿Qué opina usted del método de Descartes? ¿Es válido? ¿Son válidas sus conclusiones?

e. ¿Quién tenía más razón: Locke o Hume? ¿Por qué?

f. ¿Cuál es el método cristiano de encontrar la verdad?

g. Imagine un diálogo con alguien que sostiene los postulados de Descartes (o Locke o Hume), ¿cómo trataría de mostrarle su error y mostrarle la verdad del evangelio?

Lección 6
(Capítulos 10 y 11: La existencia de Dios y el problema moral, Hegel y Kierkegaard)

Preguntas de repaso
1. ¿Cuál es el argumento de Descartes para la existencia de Dios?
2. ¿Cómo es el concepto de Dios que tenía Locke?
3. Ya que Hume era escéptico en cuanto a la existencia de Dios, ¿cómo resolvió el problema ético? Es decir, según Hume, ¿cómo debemos vivir?
4. ¿En qué consiste el imperativo categórico de Kant?
5. ¿Por qué Kant cree en la existencia de «Dios»?
6. Según Hegel, ¿de qué consiste la existencia?
7. ¿Qué postula el idealismo absoluto (Fichte)?
8. ¿De qué consta la dialéctica de Hegel?
9. ¿Cuál fue el problema que tenía Kierkegaard con la filosofía de Hegel?
10. ¿Por qué Kierkegaard ha sido reconocido como el padre del existencialismo?

Dibujos explicativos

Estos dibujos o gráficas han sido diseñados a fin de proveerle una manera sencilla de recordar algunas de las enseñanzas esenciales de esta lección.

EL "IMPERATIVO CATEGÓRICO":

Es **K**orrecto
Kuando se puede
Aplicar la
Norma a
Todos

Explicación: La ética de Kant se llama «el imperativo categórico», que sostiene que algo es «**K**orrecto» (correcto) «**K**uando» (cuando) se puede **A**plicar la misma **N**orma a **T**odos. Es decir, cuando se puede hacer una ley universal de la máxima.

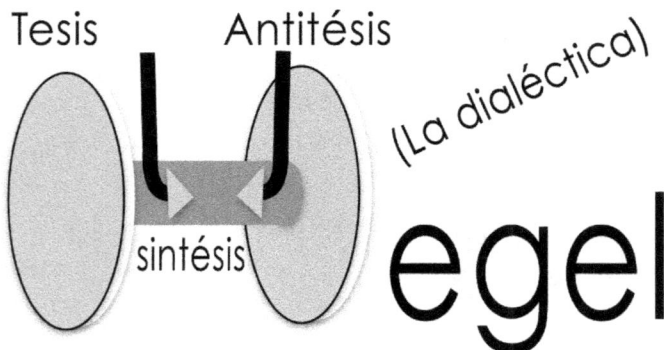

Explicación: Hegel creía que el mundo era un constante devenir de ideas. Propuso una explicación *dialéctica* de este proceso, en que una tesis se une con la opuesta antítesis para formar una síntesis (como las ruedas dispuestas a modo de una «H» que se unen en el «eje»), que después funciona como tesis para continuar el proceso. (Hegel se pronuncia en español como «ejel» y en alemán «jeguel».)

El salto de fe

("Guardián" de la libertad del individuo.)

Kierkegaard

Explicación: En contraste con la filosofía de Hegel que ponía el énfasis en el proceso impersonal del fluir de la historia, Kierkegaard ponía énfasis en el individuo y en su libertad (representada por el individuo que salta libremente desde arriba de la «K»). Por lo tanto, era un «guardián» (la última sílaba del nombre de Kierke**gaard** se pronuncia en forma parecida a «guard») de la libertad del individuo.

Preguntas para reflexión

a. ¿Qué opina del *imperativo categórico* de Kant? ¿Por qué?
b. ¿Cuál es la base cristiana de la ética?
c. ¿Qué opina del método dialéctico de Hegel?
d. ¿Usted ha visto manifestado este modo de pensar dialéctico hoy en día? ¿Cómo? ¿Dónde?
e. ¿Quién tenía más razón: Hegel o Kierkegaard? ¿Por qué?
f. Imagine un diálogo con alguien que sostiene la filosofía de Hegel. ¿Cómo trataría de mostrarle su error y mostrarle la verdad del evangelio?

Lección 7
(Capítulos 12 y 13: Feuerbach, Marx, Engel, Comte, y Nietzsche)

Preguntas de repaso

1. Explique el concepto del materialismo de Feuerbach.
2. ¿Cuál era la crítica que hacía Feuerbach al cristianismo?
3. ¿En qué sentido Marx creía haber puesto «de pie» la filosofía de Hegel?
4. Para Marx, ¿cuál es el factor que gobierna el devenir histórico?
5. Según Marx, ¿qué impide el desarrollo de una sociedad feliz?
6. ¿Cuál es la idea central del positivismo de Comte?
7. ¿Cómo era la nueva religión positiva que propuso Comte?
8. Según Darwin, ¿cuales son las dos leyes fundamentales de la selección natural que explican la transformación de unas especies en otras?
9. ¿Por qué Nietzsche detestaba el cristianismo?
10. Explique las características del *Superhombre* de Nietzsche.

Dibujos explicativos

Estos dibujos o gráficas han sido diseñados a fin de proveerle una manera sencilla de recordar algunas de las enseñanzas esenciales de esta lección.

La aventura del pensamiento

Explicación: Marx combina las ideas de Hegel (la dialéctica) y Feuerbach (el materialismo) para formar el *materialismo dialéctico*.

Explicación: Comte propuso el *positivismo*, cono lo cual solamente la observación es **com**petente, porque es el único conocimiento seguro (positivo).

La aventura del pensamiento

Explicación: Nietzsche trató de hacer un «nicho» para Dios, declarando que estaba muerto, y por tanto dando lugar para exaltar al «Superhombre» que imponía su voluntad por la fuerza.

Preguntas para reflexión

a. ¿En qué aspectos tienen algo de razón los filósofos estudiados en esta lección?

b. ¿En qué aspectos están equivocados los filósofos estudiados en esta lección?

c. Imagine un diálogo con un marxista. ¿Cómo trataría de mostrarle su error y mostrarle la verdad del evangelio?

d. Imagine un diálogo con un positivista o un seguidor de Nietzsche. ¿Cómo trataría de mostrarle su error y mostrarle la verdad del evangelio?

e. ¿Qué opina de la teoría de evolución? ¿Cómo podemos contestar a los que sostienen esta teoría?

f. ¿En qué maneras se ven manifestadas hoy en día las ideas de los filósofos estudiados en esta lección?

Lección 8
(Capítulos 14 y 15: Heidegger, Sartre, y Conclusión)

Preguntas de repaso

1. ¿En qué sentido el hombre estaba en crisis al principio del siglo veinte?
2. ¿Qué significa que los existencialistas contraponen la filosofía de la **existencia** a la filosofía de la **esencia**?
3. Según Heidegger (pronunciado «Jay-deguer»), ¿qué produce la angustia existencial en el hombre?
4. ¿Por qué Sartre considera la existencia del hombre una *pasión inútil*?
5. ¿Por qué Sartre considera la libertad del hombre como una condenación en vez de un don?
6. ¿Qué dice Agustín al comienzo de sus *Confesiones* acerca de la necesidad de conocer a Dios?
7. ¿Cómo preparó Tomás de Aquino, sin querer, el camino a la filosofía moderna?
8. Según Dellutri, ¿por qué el argumento de Descartes para la existencia de Dios es un círculo vicioso?
9. Según Sartre, ¿qué se necesita para que un punto limitado tenga entidad?
10. ¿Cuales son las consecuencias del ateísmo humanista en Nietzsche y Sartre?

Dibujos explicativos

Estos dibujos o gráficas han sido diseñados a fin de proveerle una manera sencilla de recordar algunas de las enseñanzas esenciales de esta lección.

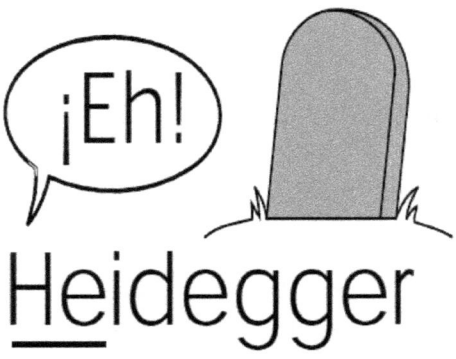

Explicación: Para Heidegger (En alemán, es pronunciado «Jay-deguer», pero en español sería pronunciado literalmente «**Eh**deguer»), la inevitable muerte producía una angustia existencial (por lo tanto, grita ¡**Eh**!). En la muerte, el hombre se enfrenta con la nada.

Explicación: Sartre, el existencialista, se sentía solo, ateo, y sin razón de vivir.

Preguntas para reflexión

a. ¿En qué aspectos tienen algo de razón Heidegger y Sartre?

b. ¿En qué aspectos están equivocados Heidegger y Sartre?

c. ¿En qué maneras se ven manifestadas hoy en día las ideas de Heidegger y Sartre?

d. Imagine un diálogo con un existencialista. ¿Cómo trataría de mostrarle su error y mostrarle la verdad del evangelio?

e. ¿Qué opina usted del análisis de Dellutri en su conclusión? ¿Qué otros comentarios agregaría usted a su análisis de la filosofía occidental?

La aventura del pensamiento

MANUAL PARA EL FACILITADOR

La aventura del pensamiento

Introducción

Este material ha sido preparado para el uso del facilitador de un grupo. Dicho facilitador sirve para guiar a un grupo de 5-10 estudiantes a fin de que completen el curso de ocho lecciones. La tarea demandará esfuerzo de su parte, ya que, aunque el facilitador no es el instructor en sí (el libro de texto sirve de «maestro»), debe conocer bien el material, animar y dar aliento al grupo, y modelar la vida cristiana delante de los miembros del grupo. La recompensa del facilitador en parte vendrá del buen sentir que experimentará al ver que está contribuyendo al crecimiento de otros, del privilegio de entrenar a otros y del fruto que llegará por la evangelización. El facilitador también debe saber que el Señor lo recompensará ampliamente por su obra de amor.

Instrucciones específicas

Antes de la reunión: Preparación

A. Oración: expresión de nuestra dependencia en Dios
   1. Ore por usted mismo.
   2. Ore por los estudiantes.
   3. Ore por los que serán alcanzados y tocados por los alumnos.
B. Reconocimiento
   1. Reconozca su identidad en Cristo (Romanos 6-8).
   2. Reconozca su responsabilidad como maestro o facilitador (Santiago 3.1-17).
   3. Reconozca su disposición como siervo (Marcos 10.45; 2 Corintios 12.14-21).
C. Preparación
   1. Estudie la porción del alumno sin mirar la guía para el facilitador, es decir, como si usted fuese uno de los estudiantes.
      a. Note aspectos difíciles, así se anticipará a las preguntas.

b. Tome nota de ilustraciones o métodos que le vengan a la mente mientras lee.
c. Tome nota de aspectos que le sean difíciles a fin de investigar más, usando otros recursos.
2. Estudie este manual para el facilitador.
3. Reúna otros materiales, ya sea para ilustraciones, para aclaraciones, o para proveer diferentes puntos de vista a los del texto.

Durante la reunión: Participación

Recuerde que las reuniones de grupo sirven no solo para desarrollar a aquellos que están bajo su cuidado como facilitador, sino también para edificar, entrenar y desarrollarlo a usted. La reunión consiste de un aspecto clave en el desarrollo de todos los participantes, debido a las dinámicas de la reunión. En el grupo varias personalidades interactuarán, tanto unos con otros, como también con Dios. Habrá personalidades diferentes y, junto con esto, la posibilidad para el conflicto. No le tenga temor a esto.

Parte del «currículum» será el desarrollo del amor cristiano. Tal vez Dios quiera desarrollar en usted la habilidad de solucionar conflictos entre hermanos en la fe. De cualquier modo, nuestra norma para solucionar los problemas es la Palabra inerrante de Dios. Su propia madurez, su capacidad e inteligencia iluminada por las Escrituras y el Espíritu Santo lo ayudarán a mantener un ambiente de armonía. Si es así, se cumplen los requisitos del curso y, lo más importante, los deseos de Dios. Como facilitador, debe estar consciente de las siguientes consideraciones:

A. El tiempo u horario:
1. La reunión debe ser siempre el mismo día, a la misma hora, y en el mismo lugar ya que esto evitará confusión. El facilitador siempre debe tratar de llegar con media hora de anticipación para asegurarse de que todo esté preparado para la reunión y resolver cualquier situación inesperada.
2. El facilitador debe estar consciente de que el enemigo a veces tratará de interrumpir las reuniones o traer confusión. Tenga

mucho cuidado con cancelar reuniones o cambiar horarios. Comunique a los participantes en la peña la responsabilidad mutua que tienen el uno hacia el otro. Esto no significa que nunca se debe cambiar una reunión bajo ninguna circunstancia. Más bien quiere decir que se tenga cuidado y que no se hagan cambios innecesarios a cuenta de personas que por una u otra razón no pueden llegar a la reunión citada.

3. El facilitador debe completar el curso en las ocho semanas indicadas (o de acuerdo al plan de estudios elegido).

B. El lugar:
1. El facilitador debe asegurarse de que el lugar para la reunión estará disponible durante el tiempo que dure el curso. También deberá tener todas las llaves u otros recursos necesarios para utilizar el local.
2. El lugar debe ser limpio, tranquilo y tener buena ventilación, suficiente luz, temperatura agradable y suficiente espacio a fin de poder sacarle buen provecho y facilitar el proceso educativo.
3. El sitio debe tener el mobiliario adecuado para el aprendizaje: una mesa, sillas cómodas, una pizarra para tiza o marcadores que se puedan borrar. Si no hay mesa, los estudiantes deben sentarse en un círculo a fin de que todos puedan verse y escucharse el uno al otro. El lugar entero debe contribuir a una postura dispuesta hacia el aprendizaje. El sitio debe motivar al alumno a trabajar, compartir, cooperar y ayudar en el proceso educativo.

C. La interacción entre los participantes:
1. Reconocimiento:
   a. Saber el nombre de todos.
   b. Saber los datos sencillos: familia, trabajo, nacionalidad.
   c. Saber algo interesante de ellos: comida favorita, etc.
2. Respeto para todos:
   a. Se debe establecer una regla en la reunión: Una persona habla a la vez y todos los otros escuchan.

b. No burlarse de los que se equivocan ni humillarlos.
c. Entender, reflexionar, y/o pedir aclaración antes de responder a lo que otros dicen.
3. Participación de todos:
   a. El facilitador debe permitir que los alumnos respondan sin interrumpirlos. Debe dar suficiente tiempo para que los estudiantes reflexionen y compartan sus respuestas.
   b. El facilitador debe ayudar a los alumnos a pensar, a hacer preguntas y a responder, en lugar de dar todas las respuestas él mismo.
   c. La participación de todos no significa necesariamente que todos los alumnos tengan que hablar en cada sesión (ni que tengan que hablar desde el principio, es decir, desde la primera reunión), más bien quiere decir, que antes de llegar a la última lección todos los alumnos deben sentirse cómodos al hablar, participar y responder sin temor a ser ridiculizados.

Después de la reunión: Evaluación y oración

A. Evaluación de la reunión y oración:
   1. ¿Estuvo bien organizada la reunión?
   2. ¿Fue provechosa la reunión?
   3. ¿Hubo buen ambiente durante la reunión?
   4. ¿Qué peticiones específicas ayudarían al mejoramiento de la reunión?
B. Evaluación de los alumnos:
   1. En cuanto a los alumnos extrovertidos y seguros de sí mismos: ¿Se les permitió que participaran sin perjudicar a los más tímidos?
   2. En cuanto a los alumnos tímidos: ¿Se les animó a fin de que participaran más?
   3. En cuanto a los alumnos aburridos o desinteresados: ¿Se tomó especial nota a fin de descubrir cómo despertar en ellos el interés en la clase?
C. Evaluación del facilitador y oración:

1. ¿Estuvo bien preparado el facilitador?
2. ¿Enseñó la clase con buena disposición?
3. ¿Se preocupó por todos y fue justo con ellos?
4. ¿Qué peticiones específicas debe hacer al Señor a fin de que la próxima reunión sea aún mejor?

Ayudas adicionales

1. Saludos: Para establecer un ambiente amistoso caracterizado por el amor fraternal cristiano debemos saludarnos calurosamente en el Señor. Aunque la reunión consiste de una actividad más bien académica, no debe carecer del amor cristiano. Por lo tanto, debemos cumplir con el mandato de saludar a otros, como se encuentra en la mayoría de las epístolas del Nuevo Testamento. Por ejemplo, 3 Juan concluye con las palabras: «La paz sea contigo. Los amigos te saludan. Saluda tú a los amigos, a cada uno en particular». El saludar provee una manera sencilla, pero importante, de cumplir con los principios de autoridad de la Biblia.

2. Oración: La oración le comunica a Dios que estamos dependiendo de Él para iluminar nuestro entendimiento, calmar nuestras ansiedades y protegernos del maligno. El enemigo intentará interrumpir nuestras reuniones por medio de la confusión, la división y los estorbos. Es importante reconocer nuestra posición victoriosa en Cristo y seguir adelante. El amor cristiano y la oración sincera ayudarán a crear el ambiente idóneo para la educación cristiana.

3. Creatividad: El facilitador debe hacer el esfuerzo de emplear la creatividad que Dios le ha dado tanto para presentar la lección como también para mantener el interés durante la clase entera. Su ejemplo animará a los estudiantes a esforzarse en comunicar la verdad de Dios de manera interesante. El Evangelio de Marcos reporta lo siguiente acerca de Juan el Bautista: «Porque Herodes temía a Juan, sabiendo que era varón justo y santo, y le guardaba a salvo; y oyéndole, se quedaba muy perplejo, pero le escuchaba de

buena gana» (Marcos 6.20). Y acerca de Jesús dice: «Y gran multitud del pueblo le oía de buena gana» (Marcos 12.37b). Notamos que las personas escuchaban «de buena gana». Nosotros debemos esforzarnos para lograr lo mismo con la ayuda de Dios. Se ha dicho que es un pecado aburrir a las personas con la Palabra de Dios. Pídale ayuda a nuestro Padre bondadoso, todopoderoso y creativo a fin de que lo ayude a crear lecciones animadas, gratas e interesantes.

Conclusión

El beneficio de este estudio dependerá de usted y de su esfuerzo, interés y dependencia en Dios. Si el curso resulta ser una experiencia grata, educativa y edificadora para los estudiantes, ellos querrán hacer otros cursos y progresar aún más en su vida cristiana. Que así sea con la ayuda de Dios.

Estructura de la reunión

1. Dé la bienvenida a los alumnos que vienen a la reunión.
2. Ore para que el Señor calme las ansiedades, abra el entendimiento, y se manifieste en las vidas de los estudiantes y el facilitador.
3. Repase la lección.
4. Converse con los alumnos las preguntas de repaso. Asegure que hayan entendido la materia y las respuestas correctas. Pueden hablar acerca de las preguntas que le dieron más dificultad, que fueron de mayor edificación, o que expresan algún concepto con el cual están en desacuerdo.
   a. Anime a los estudiantes a completar las metas para la próxima reunión. Además, comparta algunas ideas para proyectos adicionales que los alumnos puedan decidir hacer.
   b. Conversar acerca de las «preguntas para reflexión». No hay una sola respuesta correcta para estas preguntas. Permita que los alumnos expresen sus propias ideas.
5. Termine la reunión con una oración y salgan de nuevo al mundo para ser testigos del Señor.

La aventura del pensamiento

Lección 1
(Introducción y capítulo 1: Los presocráticos)

1. Pitágoras
2. El objeto de la filosofía es la relación que existe entre el pensar y el ser, entre lo espiritual y la materia.
3. Reflexionaban sobre la naturaleza, tratando de hallar un principio que la explicara.
4. Tales creía que todo se había originado en el *agua*, o más precisamente en un estado de humedad.
5. Anaximandro sostenía que todo provenía del *apeirón*, nombre que daba a una sustancia universal, eterna, infinita e indeterminada que estaba en constante actividad.
6. Anaxémines sostenía que la sustancia original era el *aire*. (Pero él entendía que el aire se manifestaba como niebla o vapor que se podía percibir.)
7. Heráclito decía que *todo fluye*, que todo está sujeto al devenir perpetuo. Decía que «no podemos bañarnos dos veces en el mismo río», porque está en constante cambio.
8. No quería negar la existencia de la materia, sino destacar que la ley del *número* regía todas las relaciones.
9. Parménides sostenía que el movimiento y la diversidad no existen. Creía que todo era parte de *un solo ser*, y que *los cambios eran apariencias* y engaños. Percibimos el cambio y la diversidad porque nuestros sentidos nos engañan.
10. Fuego, aire, agua, y tierra.

Lección 2
(Capítulos 2 y 3: Los sofistas, Sócrates, y Platón)

1. Eran maestros dedicados a enseñar disciplinas humanistas, como retórica, dialéctica, derecho y política, especialmente a los ricos.
2. Para ellos, la «virtud» era la habilidad de rebatir los argumentos contrarios y sostener los propios.
3. Protágoras sostenía que *el hombre es la medida de todas las cosas.*
4. Consistía en hacer preguntas sencillas y aparentemente inocentes que van gradualmente encadenándose hasta alcanzar los fines últimos.
5. Decía, «Sólo sé que no sé nada».
6. Porque combatía a los sofistas, poniendo en evidencia su ignorancia y la perversidad de sus argumentos. Destacaba la importancia de los valores morales y ponía al descubierto los falaces métodos de los políticos y la inconsistencia religiosa del pueblo.
7. Son el *mundo sensible* que es mudable e imperfecto, y *el mundo de las ideas* que es universal, suprasensible, perfecto y eterno.
8. El hombre es representado por la figura de hombres encadenados en una caverna que no pueden girar la cabeza, y ven solamente sombras en el muro. Para Platón, significa que el mundo real que perciben nuestros ojos es solo una sombra imperfecta.
9. Está compuesto de alma y cuerpo. El alma es inmortal, espiritual, y pertenece al mundo de las ideas. El cuerpo es temporal, material, y pertenece al mundo sensible.
10. Según Platón, conocer es recordar. El alma ha estado en contacto con las ideas, pero las ha olvidado. Mientras el cuerpo suministra información al alma a través de los sentidos, el alma recuerda las ideas.

Lección 3
(Capítulos 4 y 5: Aristóteles, y la filosofía grecorromana)

1. Alejandro el Grande, conquistador militar que expandió y unificó Grecia.
2. La lógica.
3. Platón sostiene que los universales están en un lugar superior y distinto, mientras Aristóteles dice que los universales son inseparables de las cosas individuales, y que solamente las cosas individuales tienen existencia.
4. La felicidad.
5. Según Aristóteles, la virtud es el término medio o equilibrio entre tendencias humanas opuestas. Por ejemplo, el placer es legítimo, pero hay que evitar la tendencia de desbordarse y caer en la disolución. Hay que encontrar el límite para que no se transforme en algo destructivo.
6. Aristóteles define a dios como un motor inmóvil que está en el principio de todas las cosas; es perfecto y pleno, espiritual e inmutable, separado del mundo.
7. Epicureísmo, estoicismo, y escepticismo.
8. Para Epicuro, la felicidad era el fin principal del hombre, y si el hombre quería alcanzar la felicidad, tenía que vencer dos temores: el temor a los dioses, y el temor a la muerte. Identifica la felicidad con el placer, pero el placer es la paz y el equilibrio interiores, conseguidos por subordinar las inclinaciones sensuales a la razón y por gozar de las cosas con moderación.
9. También creían que la felicidad era el fin principal del hombre, pero a diferencia de los epicúreos, los estoicos creían que la felicidad no se encontraba en el placer, sino en la sabiduría. El hombre debe reconocer la ley fatal del universo y someterse a ella. Debe renunciar a todo lo que no está a su alcance y soportar todo lo que le sucede como necesario y providencial. El sabio domina sus pasiones y las aquieta por medio de la razón.
10. Ponían en duda la posibilidad misma de la filosofía. Consideraban todo conocimiento subjetivo y relativo, y por lo tanto había que abstenerse de la reflexión, porque es imposible llegar a alguna

conclusión segura. Esta ausencia de reflexión debe producir serenidad.

Lección 4
(Capítulos 6 y 7: La irrupción del cristianismo, y Agustín)

1. Los epicúreos y los estoicos.
2. Pretendía interpretar el Antiguo Testamento a la luz de la filosofía platónica. Lo apodaron el «Platón judío». Desarrolló la idea del *logos* como intermediario entre Dios y el mundo: la mente divina que primero crea el mundo de las ideas y luego ordena la materia eterna para que las plasme en el mundo material.
3. Sostenía la existencia de dos mundos: el de las ideas y el sensible.
4. No. Era un eclecticismo: reunía conceptos de la filosofía clásica con conceptos orientales. Cae peligrosamente en el panteísmo.
5. Usaron la filosofía para defender la racionalidad de la fe cristiana. Usaron la filosofía para fines apologéticos. Querían demostrar que las doctrinas reveladas no se oponían ni contradecían a la recta razón.
6. Agustín creía en la autoridad suprema de las Sagradas Escrituras, pero estableció un nexo importante entre la razón y la fe, entendiendo que la filosofía era la profundización y el fundamento racional de la fe cristiana. Decía «credo ut intelligam» («creo para entender»).
7. Agustín plantea la teoría de la iluminación: no es necesario que el alma haya contemplado los universales en su preexistencia, sino que Dios ilumina nuestra menta para acceder a la verdad.
8. Agustín respondía a la acusación de que la influencia del cristianismo era responsable por la caída de Roma en el año 410. Sostiene que la historia universal es una lucha entre el Reino de Dios y el Reino de la Tierra.
9. «Ama y haz lo que quieras.»
10. Vivió entre el mundo antiguo, presidido por el pensamiento griego, y el mundo medieval bajo la influencia del cristianismo.

La aventura del pensamiento

Lección 5
(Capítulos 8 y 9: Tomás de Aquino, y racionalismo y empirismo)

1. Sostenía que si el hombre tiene la idea de Dios como Ser Supremo y Perfecto, el pensamiento del ser, limitado e imperfecto, exige la existencia de Dios en la realidad. Es decir, Dios debe tener la cualidad de existencia, sino no sería perfecto y no sería realmente «Dios».

2. En el proceso del conocimiento Anselmo ponía a la fe primero (*fides quaerens intellectum*, «la fe que trata de comprender»), y Abelardo ponía a la razón primero (entender para luego creer).

3. A) movimiento: Como la materia es inerte, algo tiene que haber comenzado todo el movimiento, y ese «primer motor» es Dios; b) causa eficiente: La primera causa no causada es Dios; c) contingencia: Hubo un momento cuando no existía nada, pero la nada no puede producir algo, por lo tanto es necesario que exista un ser que haya dado existencia a todas las cosas, que es Dios; d) grados de perfección: Todo lo que observamos tiene grados de perfección, y lo imperfecto implica la existencia de lo perfecto, que es Dios; y e) la prueba teleológica: El orden y la finalidad del mundo presupone una mente inteligente que organizó y dio propósito a todo, quien es Dios.

4. Aquino cree en dos categorías de verdad: a) verdades de la revelación, que sobrepasan el alcance de la razón, y b) verdades de la razón natural, que dependen de la experiencia y la lógica, y con las cuales la fe no tiene que mezclarse. La fe es mayor que la razón, pero no sería posible creer en Dios si la razón natural no manifestara cierto conocimiento previo.

5. Era un ambiente caracterizado por su oposición a la filosofía y la ciencia escolástica medieval, por una admiración hacia la cultura griega, y por la nueva ciencia experimental.

6. Decidió que si dudaba de todo, no podía dudar que estuviera dudando: *cógito ergo sum* (pienso, luego existo).

7. a) el racionalismo: reduce el conocimiento a la razón, descuidando el aporte de los sentidos, y b) el subjetivismo: sobre-valora la acción del sujeto que se convierte en la fuente del conocimiento.

8. Sostiene que conocemos la verdad a través de los sentidos (empirismo), y no a través de la razón, como decía Descartes. Sostiene que la mente es una «tabla lisa», una hoja en blanco, que capta la realidad exterior y la graba en nuestro interior.

9. Hume (junto con Berkeley) dudaba de la realidad de las cosas que percibimos. Hume decía que lo único que podemos afirmar es que percibimos los fenómenos. Para él, no hay certeza de la conexión entre las cosas y nuestra percepción de ellas.

10. Kant propuso que el conocimiento es el fruto de la síntesis entre conceptos (ideas), como decían los racionalistas, y experiencias (percepción), como decían los empiristas.

Lección 6
(Capítulos 10 y 11: La existencia de Dios y el problema moral, Hegel y Kierkegaard)

1. En primer lugar, Descartes piensa que necesita creer en Dios para tener una garantía de la verdad. Después arguye que no puede existir la idea de Dios en mí si no es porque Dios mismo haya puesto esa idea, por lo tanto Dios existe.
2. Locke era deísta. Creía que Dios creó el mundo y sus leyes, y que se desentendió del mundo, dejando que funcionara solo de acuerdo con sus leyes.
3. Hume afirmó que el hombre debe guiarse por: a) su más íntimo instinto, y b) el ordinario obrar de sus semejantes. Así separaba la moral de la razón.
4. El *imperativo categórico* de Kant dicta que debemos actuar siempre de acuerdo con una norma que podría ser aceptada como una ley para todos.
5. Dice que es necesario admitir la existencia de Dios porque necesitamos de un ser que pueda unir la moralidad perfecta y la felicidad suprema, inalcanzable para el hombre.
6. Hegel era monista y creía que existía una sola sustancia, que él consideraba el *Espíritu Absoluto*. Es un proceso dinámico de un continuo devenir.
7. Establece el principio de que lo único existente es la idea, y que el mundo observable no existe en sí.
8. Hegel ve el mundo como un proceso dinámico de ideas en constante devenir. A este proceso le llama dialéctica, que consta de tres partes: tesis, antítesis, y síntesis. Así, se afirma una idea, la *tesis*; después se genera una idea que se opone a la tesis, una *antítesis*; y finalmente se resuelve la aparente contradicción en una *síntesis*, la que a su vez da origen a otra tesis con lo cual se continúa con el proceso indefinidamente.

9. Encontraba que era un gran andamiaje intelectual que no tenía en cuenta al hombre individual y su problemática, una monumental e impresionante estructura que no servía para explicar su drama personal.

10. Porque enfatizó al hombre real en oposición al extremo idealismo hegeliano.

Lección 7
(Capítulos 12 y 13: Feuerbach, Marx, Engel, Comte, y Nietzsche)

1. El materialismo niega la existencia de lo espiritual. Feuerbach partió con la filosofía dialéctica de Hegel, pero cambió la *idea* por la *naturaleza*, el *espíritu* por *materia*, y *Dios* por el *hombre*.
2. Creía que el hombre proyectaba su propia imagen idealizada en un ser imaginario llamado *dios*, y que esto hacía que el hombre perdiera su vitalidad en el desarrollo de sus propias fuerzas. Para que el hombre desarrollara, tenía que extirpar toda idea religiosa.
3. Marx aceptaba el método dialéctico de Hegel, pero creía que el mundo real no era idea, sino materia.
4. Para Marx, el devenir histórico está gobernado por el desarrollo económico-social. Para ser más específico, la lucha de clases determina la historia del hombre.
5. Cuatro clases de alienación: a) económico-social, b) política, c) filosófica, y d) religiosa (la religión, según Marx, es el «opio del pueblo».)
6. Solamente admite el conocimiento que tenga su punto de partida y su conclusión en la experiencia sensible. (El conocimiento observado con los cinco sentidos es «positivo» en el sentido francés e inglés de la palabra, es decir, es conocimiento *seguro*.)
7. Propuso tratar de llegar a través de la razón a una sociedad dirigida por la ciencia y la industria. Propone reemplazar a Dios con el *Gran Ser*, que es el hombre en su máximo desarrollo, reemplazar los dogmas con leyes naturales, los santos con grandes científicos, y los ángeles custodios con las mujeres. Sostenía que se debía adorar a la tierra y al espacio. Comte asume función de profeta, organiza una jerarquía y funda templos.
8. Son: a) la lucha por la existencia, donde sobreviven los más fuertes, y b) la adaptación al medio, que permite la permanencia de los más aptos.

9. Consideraba el cristianismo la moral de esclavos, una debilidad, porque exalta la humildad, la compasión, la caridad, y la paciencia.
10. El Superhombre tenía: a) libertad, desligado de toda clase de remordimientos y de la moral cristiana, b) creatividad, con poder de crear sus propios valores, y c) poderío, sujeto únicamente a su voluntad, convirtiéndose en un tirano que impone por la fuerza sus valores, moldea a los hombres a su arbitrio, y los sacrifica sin remordimientos si esto lo exalta.

Lección 8
(Capítulo 14: Heidegger, Sartre, y Conclusión)

1. Se vio la capacidad destructiva del hombre con los avances tecnológicos. Los pueblos más cultos mostraron la misma barbarie de los pueblos primitivos, justificándose con complejas ideologías.
2. Mientras la filosofía de la **esencia** se ocupa de los universales, la filosofía de la **existencia** se centra en los particulares, tratando de considerar al hombre individual en su relación con el mundo.
3. La angustia existencial del hombre la produce la expectativa de la inevitable muerte, el enfrentamiento con la nada. Detrás de todas las cosas está la nada; el hombre también es nada y va hacia la nada.
4. Porque el hombre necesita una base racional para su vida, pero no es capaz de encontrarla.
5. Porque, «para que la libertad sea plena libertad, no puede haber nada enfrentado normativamente al hombre, ni fe en Dios, ni verdades, ni valores» (Sartre). Así la libertad se convierte en un «vértigo angustioso». El hombre libre vive sin valores ni dios, solo e inseguro. La conclusión es que «todos los caminos son válidos, pero conducen a la nada» (Dellutri).
6. «Nos criasteis para ti, y está inquieto nuestro corazón hasta que descanse en ti.»
7. Separó la razón de la fe.
8. Porque demuestra la existencia de Dios con la razón, pero confía en la razón porque Dios existe.
9. Necesita un punto eterno de referencia.
10. Confusión e inseguridad. Nietzsche pregunta, «¿todavía hay un arriba y un abajo? ¿Flotamos en una nada infinita?» Sartre dice que el ateísmo es una «empresa cruel y de largo aliento», y que «ya no sabe qué hacer con su vida».

La aventura del pensamiento

La aventura del pensamiento

www.ingramcontent.com/pod-product-compliance
Lightning Source LLC
Chambersburg PA
CBHW071311110426
42743CB00042B/1253